# De schaduwwandelaren

*Het leven in de schaduw van verborgen narcisten*

Patrick Samuel

# Inleiding

# De maskers die wij dragen

Iedereen draagt een masker. Sommigen om zich te beschermen, anderen om te verbergen wat ze niet willen voelen. Maar er zijn maskers die niet tijdelijk zijn, die samensmelten met het gezicht van de drager. Dat zijn de maskers van de verborgen narcist. Ze glimlachen zonder warmte, luisteren zonder te horen, en troosten zonder werkelijk contact te maken. Hun empathie is een echo, zorgvuldig nagebootst, zonder ziel.

In deze wereld van schaduwen wonen Rosa en Fabio. Twee mensen die op het eerste gezicht zachtaardig, beleefd en bedachtzaam lijken. Maar achter hun glimlach huist iets anders: een leegte die hunkert naar erkenning, naar controle, naar bewondering verpakt in zachtheid.

Hun verhaal begint niet met elkaar, maar met de families die hen hebben gevormd, waar liefde een transactie werd, en kwetsbaarheid een wapen.

# Voorwoord

# De spiegel van Narcissus

In dit verhaal ontmoet u een wereld van maskers, macht en manipulatie. Aan het begin lijkt alles duidelijk: families, relaties, en personen met hun eigen verhalen. Maar zoals in het echte leven, ligt achter de façade vaak iets anders. Dit boek introduceert u aan de hoofdpersonen en de dynamieken die hen verbinden en verdelen.

Rosa is een verborgen narcist, charmant en manipulatief, dochter van Henry. Haar leven draait om subtiele controle en het behouden van een zorgvuldig opgebouwd imago. Gedurende het verhaal worden haar patronen blootgelegd en wordt ze geconfronteerd met de gevolgen van haar keuzes, waardoor haar maskers beginnen te barsten.

Fabio, eveneens een verborgen narcist, gebruikt charme, theatrale manipulatie en zijn koopverslaving om zijn omgeving te beïnvloeden. Zijn moeder, een verborgen narcist, heeft zijn gedrag mede gevormd. Ook hij wordt tijdens de confrontaties van het verhaal geconfronteerd met de reflectie van zijn eigen patronen en verliest langzaam de controle over zijn omgeving.

De familieleden van Rosa en Fabio spelen een cruciale rol. Jolanda, Rosa's zuster en zondebok binnen haar familie, leert autonomie en kracht door inzicht en afstand. Miranda, de zuster van Fabio, volgt eenzelfde pad en doorbreekt langzaam de oude cycli van misbruik. Hun groei en kracht vormen de tegenkracht tegen de manipulaties van Rosa en Fabio.

Ook de ex-partners Ferdy en Shirley verschijnen in het verhaal. Zij herkennen dankzij nieuwe inzichten de volledige cyclus van narcistisch misbruik, van charmante liefde tot de afdankfase. Ze vinden autonomie, begrijpen hun ervaringen en laten oude schuldgevoelens los.

Een bijzondere rol is weggelegd voor Patrick, de super empaat. Als psycholoog en ervaringsdeskundige brengt hij inzichten, bewustwording en kracht in het verhaal. Zijn podcast fungeert als katalysator: door het delen van kennis en ervaring worden slachtoffers van narcistisch misbruik sterker, terwijl de narcisten langzaam worden geconfronteerd met hun eigen gedrag.

Dit verhaal draait om meer dan enkel persoonlijke conflicten. Het onderzoekt thema's als maskers, manipulatie, zondebokken en autonomie. Het toont hoe kennis, empathie en bewustwording de macht kunnen doorbreken die narcisten vaak uitoefenen. De metaforische locatie, Narcissus' bron, symboliseert de plaats van reflectie, confrontatie en uiteindelijke transformatie.

Terwijl u dit boek leest, zult u zien hoe de personages evolueren, hoe oude patronen worden doorbroken, en hoe slachtoffers hun eigen kracht en vrijheid vinden. Dit overzicht is bedoeld als gids: een spiegel om te begrijpen wie wie is en hoe hun keuzes en relaties het verhaal vormgeven.

Welkom in de wereld van “De Verborgen Narcist”, waar maskers vallen, reflectie onvermijdelijk is, en autonomie de uiteindelijke overwinning vormt.

# Rosa

# De dochter van de Koning

Rosa groeide op in een huis waar de muren gedempt leken te fluisteren. Haar vader, Henry, vulde elke ruimte met zijn stem. Een man van status, van overtuiging, van absolute controle. Zijn woorden waren wetten; zijn glimlach was een bevel. De wereld draaide om hem, en iedereen die het anders zag, werd gecorrigeerd of genegeerd.

Rosa keek naar hem op met een mengeling van angst en bewondering. Ze leerde al vroeg dat liefde verdiend moest worden, door perfect te zijn, door geen fouten te maken, door altijd de glimlach te dragen die hij van haar verwachtte. Haar moeder zweeg. Ze zweeg altijd. In dat zwijgen vond Rosa haar les: gevoelens zijn gevaarlijk, stilte is veiliger.

Jolanda, haar oudere zus, was het tegenovergestelde. Te eerlijk, te gevoelig, te echt. Henry noemde haar ‘overdreven’, ‘onredelijk’, en soms gewoon ‘een last’. Terwijl Rosa complimenten kreeg voor haar discipline en haar ‘volwassen houding’, kreeg Jolanda de schuld van de spanningen die eigenlijk uit hun vader voortkwamen. Zo werd de dynamiek geboren: Rosa de perfecte dochter, Jolanda de zondebok.

Met elke ruzie tussen Henry en Jolanda groeide Rosa’s overtuiging dat haar masker haar zou redden. Ze leerde manipuleren zonder het te beseffen, door de juiste dingen te zeggen, door schuld subtiel te verschuiven, door zichzelf als slachtoffer van omstandigheden te presenteren. Haar glimlach werd haar wapen, haar kwetsbaarheid haar strategie.

# Fabio
# De Gouden Prins

Aan de andere kant van de stad, in een huis waar alles ordelijk en stil was, groeide Fabio op. Zijn moeder, Elena, was een vrouw die nooit schreeuwde, maar wiens afkeuring kouder aanvoelde dan een winteravond. Ze glimlachte vaak, maar het was de glimlach van iemand die bewonderd wilde worden, niet bemind.

Fabio was haar trots. Slim, beleefd, succesvol. Hij leerde al vroeg dat zijn waarde lag in prestaties, hoge cijfers, volwassen woorden, een perfecte buitenkant. Wanneer hij zijn moeder complimenteerde, straalde ze. Wanneer hij kritiek gaf, trok ze zich terug en zweeg dagenlang. Zo leerde Fabio dat eerlijkheid gevaarlijk was, en dat liefde een onderhandeling was waarin hij altijd moest toegeven.

Zijn zus Miranda was het contrast. Zij was te oprecht, te impulsief, te gevoelig voor de façade van hun moeder. Ze werd genegeerd, gestraft, en uiteindelijk onzichtbaar.

Fabio, de gouden zoon, stond naast zijn moeder en keek toe. Hij zei niets, want zwijgen hield de vrede in stand. Maar dat zwijgen kostte hem zijn geweten.

Hij groeide op tot een man die het lijden van anderen kon analyseren, maar niet kon voelen. Empathie was voor hem een intellectuele oefening geworden, een berekening van oorzaak en gevolg, zonder hart.

# De maskers

Rosa en Fabio droegen hun maskers met precisie. Rosa, de gevoelsmens die zogenaamd alles aanvoelde. Fabio, de bedachtzame man die elk probleem begreep. Ze leken empathisch, maar hun empathie was selectief: alleen voor situaties waar zij iets uit konden halen, bewondering, controle, of bevestiging van hun morele superioriteit.

Beiden zochten niet naar liefde, maar naar reflectie. Iemand die hun leegte zou vullen en hun masker zou bevestigen als echt. Wat ze niet wisten, is dat het lot hen zou samenbrengen in een spiegel zo scherp dat het hun façade zou splijten.

Hun verleden had hen gevormd, maar hun toekomst zou hen ontmaskeren.

In de schaduw van hun zorgvuldig opgebouwde identiteit wachtte iets wat ze niet konden manipuleren: de waarheid.

# Rosa’s wereld

De ochtenden in het huis van de familie van der Velde begonnen altijd hetzelfde: met stilte die te perfect was om toevallig te zijn. De gordijnen hingen strak, de vloer glansde alsof niemand er ooit overheen liep, en in de keuken stond alles op zijn vaste plek, net als de mensen die er woonden.

Henry zat aan de tafel, zijn krant opengevouwen alsof de wereld op hem wachtte. Zijn aanwezigheid vulde de kamer als een geur die niet verdwijnt. Aan de overkant zat zijn vrouw, met haar blik op haar koffie gericht, alsof ze daarin een ontsnapping kon vinden. Rosa zat naast haar, rechtop, glimlachend. Jolanda kwam te laat, zoals altijd.

“Je weet dat ontbijt om acht uur is,” zei Henry zonder op te kijken. Zijn stem was niet hard, maar de scherpte ervan was genoeg om de lucht te splijten.

Jolanda slikte. “Ik weet het, papa. De bus,”

“Geen excuses,” onderbrak hij. “Je had eerder moeten opstaan.”

Rosa keek toe, haar gezicht kalm, maar haar hart sloeg sneller. Ze voelde de spanning, dezelfde spanning die elke ochtend over de tafel hing als mist. Jolanda’s ogen vulden zich met tranen, maar ze zei niets.

Henry vouwde zijn krant op, keek naar Rosa en glimlachte. “Zie je, jij begrijpt tenminste wat discipline betekent.”

Rosa knikte, bescheiden. “Ik probeer gewoon te helpen.”

Haar moeder glimlachte zwak. Jolanda keek haar zus aan met iets tussen pijn en verwarring. Ze wist niet dat Rosa’s woorden niet bedoeld waren om te helpen, maar om te beschermen, niet Jolanda, maar zichzelf.

Toen Henry opstond en zijn jas pakte, legde hij even een hand op Rosa’s schouder. “Jij komt er wel,” zei hij. “Niet zoals je zus.”

Rosa glimlachte. De woorden deden pijn, maar ook iets anders. Ze voelde zich gezien.

Die middag zat ze met Jolanda in de tuin. De lucht rook naar regen en gras. Jolanda gooide steentjes tegen het tuinhek.

“Waarom zeg je nooit iets tegen hem?” vroeg ze plots.

Rosa keek haar niet aan. “Omdat het geen zin heeft.”

“Je neemt het altijd voor hem op,” zei Jolanda zacht. “Hij maakt mij altijd belachelijk, en jij,”

“Jolanda,” onderbrak Rosa haar. “Je moet niet alles zo persoonlijk nemen. Papa bedoelt het goed. Hij wil gewoon dat we sterk worden.”

Jolanda zuchtte en keek weg. “Sterk,” herhaalde ze. “Ik voel me eerder gebroken.”

Rosa wilde iets zeggen, maar haar mond bleef gesloten. Ergens diep vanbinnen voelde ze dat Jolanda gelijk had. Maar dat deel van haar, het kleine, eerlijke stukje, had ze jaren geleden al begraven.

In plaats daarvan legde ze haar hand op Jolanda's arm en glimlachte. "Je moet gewoon leren om dingen los te laten. Dan doet het geen pijn meer."

Het was haar standaardzin. De zin die iedereen kalmeerde, behalve haarzelf

's Avonds, wanneer het huis stil werd en de stemmen van haar ouders slechts echo's waren in de muren, zat Rosa aan haar bureau. Ze schreef in haar dagboek, maar haar woorden waren niet voor haarzelf. Ze schreef alsof iemand anders meelas, alsof ze haar eigen leven moest rechtvaardigen.

"Vandaag heb ik papa trots gemaakt. Jolanda begrijpt me niet. Ze is te emotioneel. Ik hoop dat ze ooit leert wat kracht is. Misschien zal ze dan minder lijden."

Ze sloot het boek en keek naar haar spiegelbeeld. De zachte blik, het keurige haar, de beheerste glimlach, alles klopte. Toch voelde ze zich leeg, alsof ze in een toneelstuk speelde dat nooit eindigde.

Ze wist dat haar vader van haar hield zolang ze functioneerde, zolang ze zijn trots voedde. En ze wist dat Jolanda, met haar tranen en haar eerlijkheid, nooit begrepen zou worden. In stilte besloot Rosa dat ze nooit zoals haar zus zou worden.

Een week later, op een zondag, kwam familie op bezoek. Henry liep door het huis als een koning die zijn paleis inspecteerde. “Rosa, haal even wijn voor oom Gerard,” zei hij.

Rosa glimlachte. “Natuurlijk, papa.”

Ze bracht de glazen met gracieuze bewegingen, haar glimlach vlekkeloos. Oom Gerard lachte goedkeurend. “Wat een nette jonge vrouw. Je kunt trots zijn, Henry.”

Henry knikte. “Dat ben ik zeker.”

Jolanda stond in de deuropening, haar armen over elkaar. Niemand vroeg haar om iets. Niemand keek haar aan. Toen Rosa haar blik ving, voelde ze een steek van medelijden, of misschien schuld. Ze liep naar haar toe.

“Wil je me helpen met de hapjes?” vroeg Rosa zacht.

Jolanda schudde haar hoofd. “Ik hoef niet te doen alsof.

Rosa glimlachte, maar haar ogen werden koud. “Soms moet je gewoon een beetje meebewegen. Dat is volwassen worden.”

Die nacht droomde Rosa van stilte. Van een huis zonder stemmen, zonder verwachtingen. Een wereld waarin ze zichzelf mocht zijn, zonder oordeel. Maar toen ze wakker werd, voelde ze de oude spanning alweer kruipen in haar borst. Ze stond op, keek in de spiegel, en oefende haar glimlach.

Het masker paste weer perfect.

Rosa zou in de jaren daarna de kunst van subtiele manipulatie verfijnen. Ze leerde luisteren met berekening, troosten met een verborgen agenda, en kwetsbaarheid tonen als strategie. Mensen noemden haar “warm”, “wijs” en “intuïtief”. Maar achter die façade leefde nog steeds het kleine meisje dat nooit werd gezien, behalve wanneer ze glimlachte.

Ze zou die glimlach meenemen in haar volwassen leven, tot op de dag dat iemand – iemand die haar doorzag – haar spiegel brak.

Maar dat is nog niet nu.

Nu is ze nog veilig achter het masker.

# Fabio's wereld

De dagen in het huis van de familie Moretti begonnen zonder geluid. Geen ruzies, geen harde stemmen, alleen de zachte tik van een klok die de stilte markeerde. Alles was beheerst, tot in de kleinste details. Zelfs de geur van koffie leek gemeten, alsof ook aroma's zich aan regels moesten houden

Fabio zat aan tafel met zijn moeder, Elena. Ze droeg altijd parelmoeren oorbellen, zelfs op gewone dinsdagen, en sprak met een zachtheid die kil aanvoelde. "Je hebt weer een tien voor wiskunde, hè?" vroeg ze, zonder echt te kijken.

Fabio knikte. "Ja, mama."

"Goed zo," zei ze. "Je stelt me niet teleur.

Ze glimlachte kort, maar haar ogen bleven leeg. Aan de overkant zat zijn zus Miranda, haar armen over elkaar. Ze roerde in haar thee alsof die haar iets kon vertellen. "Ik heb een acht," zei ze zacht.

Elena's glimlach verdween. "Een acht is ook goed," zei ze, "maar niet iedereen hoeft uit te blinken."

Miranda keek naar haar kopje, haar wangen rood. Fabio voelde de spanning, maar zei niets. Hij had geleerd dat stilte de enige manier was om vrede te bewaren.

Toen zijn vader binnenkwam, begroette hij iedereen vluchtig. "Mooie cijfers, jongen," zei hij tegen Fabio, en verdween naar zijn werkkamer. Miranda kreeg geen woord.

Fabio voelde zich groter worden. Niet trots, maar belangrijk. Hij was de buffer tussen zijn moeder en de rest van het gezin. De zoon die alles goedmaakte wat zijn vader niet deed. Het gouden kind dat het verdriet van zijn moeder dempte door perfect te zijn.

's Middags zat hij in zijn kamer. De boeken op zijn bureau stonden in perfecte lijnen. Zijn moeder kwam binnen met een kopje thee. "Je bent altijd zo rustig," zei ze. "Dat bewonder ik in je."

Fabio glimlachte. "Dank je, mama."

Ze legde haar hand op zijn schouder. “Je begrijpt mensen, Fabio. Niet zoals je zus. Jij hebt inzicht.”

Hij voelde de woorden als een zegening. “Ik probeer gewoon logisch te denken,” zei hij.

Elena knikte. “Logica redt ons van chaos. Onthoud dat.”

Ze verliet de kamer met haar sierlijke tred, en Fabio bleef achter met een vaag gevoel van leegte. Hij begreep zijn moeder inderdaad. Te goed. Ze had hem geleerd dat gevoelens onbetrouwbaar waren, dat emoties gecontroleerd moesten worden als gevaarlijke dieren.

Hij dacht aan Miranda, die soms huilde zonder reden. Hij kon haar tranen niet verdragen. Ze leken hem te besmetten met iets wat hij niet kon beheersen. Dus analyseerde hij haar verdriet in plaats van het te voelen. “Ze overdrijft,” dacht hij vaak. “Ze begrijpt de realiteit niet.”

Toen hij zestien was, werd die overtuiging sterker. Op een avond hoorde hij zijn ouders fluisteren in de keuken.

“Elena, ze lijkt niet op jou,” zei zijn vader. “Je bent te hard voor haar.”

“Hard?” antwoordde Elena. “Ik probeer haar te vormen. Als ik het niet doe, zal de wereld haar breken.”

Fabio bleef in de gang staan, ademloos. Hij wist niet wie hij moest geloven. Zijn vader klonk zwak, zijn moeder onverzettelijk. En toch voelde hij ergens diep vanbinnen dat haar liefde voorwaardelijk was. Dat het “vormen” van Miranda niets met zorg te maken had, maar met controle.

De volgende dag, toen Miranda thuiskwam van school met rode ogen, zei Fabio: “Mama bedoelt het goed, weet je. Ze wil gewoon dat je sterk bent.”

Miranda keek hem aan. “Jij gelooft haar, hè?”

Hij aarzelde. “Ze heeft gelijk. Je moet rationeel blijven.”

Miranda lachte schamper. "Rationeel. Dat is jouw woord voor koud."

Ze liep weg, en voor het eerst voelde Fabio een steek van iets wat op schaamte leek. Maar hij duwde het weg, zoals altijd.

Jaren later, op de universiteit, stond Fabio bekend als de man met de kalme stem. Hij was charmant, verstandig, en leek iedereen te begrijpen. Zijn vrienden kwamen naar hem toe voor advies, maar niemand durfde dichtbij te komen. Zijn relaties duurden nooit lang. Zodra iemand te veel emotie toonde, trok hij zich terug.

Hij observeerde mensen zoals een wetenschapper zijn proefobjecten observeert. Hun pijn fascineerde hem, maar hun kwetsbaarheid maakte hem ongemakkelijk. Hij wist hoe hij empathie moest tonen, met woorden, gebaren, de juiste blik, maar het voelde leeg.

Soms dacht hij aan zijn moeder, haar stille glimlach, haar zachte woorden die altijd net iets te scherp waren. En hij dacht aan Miranda, die hij al jaren niet meer sprak.

Op een winteravond kreeg hij een bericht van haar.

*“Ik heb gehoord dat mama ziek is. Ze wil dat we komen.”*

Fabio las het bericht drie keer.

Hij voelde geen paniek, geen verdriet, alleen een trage kou. Alsof zijn lichaam zich voorbereidde op iets wat hij niet kon benoemen.

Toen hij haar uiteindelijk zag, herkende hij zijn moeder nauwelijks. Haar gezicht was dunner, haar stem zachter. Toch bleef haar blik dezelfde, berekend, kritisch, onderzoekend.

“Je bent gekomen,” zei ze. “Ik wist dat ik op jou kon rekenen.”

Hij knikte. “Natuurlijk.”

Miranda stond in de deuropening, haar armen om haar middel geslagen. “Ze heeft nooit spijt gehad, Fabio,” zei ze. “Ze manipuleert je nog steeds.”

“Elena is mijn moeder,” antwoordde hij.

“Ja,” zei Miranda bitter. “En dat is precies het probleem.”

Die nacht lag Fabio wakker. Voor het eerst voelde hij de breuklijn in zijn identiteit. De man die hij geworden was, rationeel, kalm, onaantastbaar, was gebouwd op de fundamenten van haar leugens.

Hij dacht aan haar woorden: *Logica redt ons van chaos.*

Maar wat als het juist de logica was die hem gevangen hield?

De volgende ochtend stond hij voor de spiegel. Hij zag de nette lijnen van zijn gezicht, het gecontroleerde gebaar waarmee hij zijn das rechtzette. Alles was zoals altijd, en toch voelde hij dat iets niet klopte.

De blik in zijn ogen was leeg. Niet omdat hij niets voelde, maar omdat hij niets *durfde* te voelen.

Hij glimlachte kort, dezelfde beleefde glimlach die zijn moeder hem had geleerd, en fluisterde:

“Het masker past nog steeds.”

Maar diep vanbinnen wist hij dat het begon te scheuren.

# De Ontmoeting

Het was een druilerige zaterdagmiddag toen Rosa en Fabio elkaar voor het eerst zagen. De lucht hing vol met regen die niet durfde te vallen, en de stad leek in ademnood. In een klein café aan de gracht, waar jazz zacht door de luidsprekers zweefde, kwam een reeks toevalligheden samen die later geen toeval meer zouden lijken.

Rosa zat aan een tafeltje bij het raam. Haar blik was naar buiten gericht, maar ze keek niet echt. Ze observeerde haar eigen reflectie in het glas, gecontroleerd, aandachtig, met dat vleugje melancholie dat mensen uitnodigde om te vragen wat haar bezig hield. Haar cappuccino stond koud te worden.

Fabio kwam binnen, met zijn gebruikelijke rust. Hij droeg een donkere jas, zijn houding ontspannen maar berekend. Zijn ogen scanden de ruimte niet op gezelschap, maar op veiligheid. Hij hield van stilte, zelfs in drukte. Toen zijn blik die van Rosa ving, was er een fractie van herkenning, niet van het gezicht, maar van de energie.

Ze glimlachte. Hij glimlachte terug.
Het gesprek begon bij toeval, maar ontwikkelde zich alsof ze elkaar al jaren kenden.

"Je lijkt iemand die te veel nadenkt," zei Rosa na tien minuten.
Fabio lachte zacht. "En jij lijkt iemand die dat opmerkt bij anderen omdat ze het zelf doet."

Ze zwegen even, en de stilte tussen hen was geen ongemak maar herkenning.
Rosa kantelde haar hoofd. "Weet je wat vreemd is? Soms ontmoet je iemand die je begrijpt zonder uitleg."
"Misschien omdat hij hetzelfde verstopt," zei Fabio.

Het was geen flirten. Het was spiegelen, een subtiele dans van woorden waarin ieder de ander las, maar niemand werkelijk werd gezien.

Ze spraken over hun jeugd, voorzichtig, alsof ze elkaars geheimen proefden.

Rosa vertelde over haar veeleisende vader, maar met een toon van vergeving. “Hij bedoelde het goed,” zei ze.
Fabio knikte. “Ja. Ouders doen wat ze kunnen. Ze wisten gewoon niet beter.”
In hun woorden klonk geen pijn, alleen controle. De kwetsbaarheid die ze deelden was niet oprecht; het was een valuta.

Rosa voelde zich veilig in zijn analyse. Hij klonk rationeel, volwassen, vertrouwd. Fabio voelde zich gezien in haar zachte empathie. Ze spiegelden elkaars wonden, en noemden dat chemie.

Na hun derde ontmoeting wist Rosa het zeker: hij was anders. Fabio luisterde, maar liet zich niet meeslepen. Hij leek haar te begrijpen zonder haar te veroordelen. Dat hij soms emotioneel afstandelijk was, nam ze niet waar als kilte, maar als kracht.
“Je bent zo rustig,” zei ze eens.
“Rust is wat overblijft als je leert dat emoties je niet redden,” antwoordde hij.

Ze glimlachte. “Dat heb ik ook geleerd.”

Maar wat ze niet zagen, was dat ze elkaars pijn bevestigden in plaats van genazen. Fabio bewonderde haar gevoeligheid omdat hij zelf niet meer kon voelen. Rosa bewonderde zijn rust omdat die haar eigen chaos dempte.

Ze noemden het begrip, maar het was wederzijdse verdoving.

Tijdens een avondwandeling langs de gracht, toen de stad glinsterde van regen, bleef Rosa staan.
"Heb jij ooit het gevoel gehad dat je je hele leven toneel speelt?" vroeg ze plots.
Fabio keek haar aan. "Iedereen speelt toneel. Het verschil is dat sommigen hun rol kennen."
"En jij?"
"Ik heb mijn rol geperfectioneerd."
"Welke rol is dat?"
"De man die begrijpt."

Ze glimlachte, langzaam. "Dan zijn wij collega's."

Hun handen raakten elkaar vluchtig, niet uit verlangen, maar uit herkenning.

In de weken daarna werden ze onafscheidelijk. Niet in lichaam, maar in geest. Ze deelden ideeën, gedachten, analyses van de wereld. Ze discussieerden over psychologie, over mensen die niet 'bewust genoeg' waren. Hun gesprekken waren intens, maar nooit echt persoonlijk.

Fabio bewonderde Rosa's vermogen om zich in te leven, zolang dat in anderen was, niet in hem.
Rosa bewonderde Fabio's helderheid, zolang die haar niet confronteerde.

Samen vormden ze een perfecte illusie: twee mensen die dachten dat ze elkaar vonden, maar in werkelijkheid slechts hun eigen leegte weerspiegeld zagen.

Op een avond zat Rosa bij hem thuis, een glas wijn in haar hand. De kamer was gevuld met zachte muziek, boeken op kleur gerangschikt.
"Je lijkt soms ver weg," zei ze.

“Misschien ben ik dat ook,” antwoordde hij.
“Waar ga je dan heen?”
“Waar niemand iets van me wil.”

Ze keek hem aan, alsof ze in hem haar eigen verlangen herkende. “Ik wil niets van je,” fluisterde ze.
Hij glimlachte. “Dat zeg je nu.”

Ze kusten. Het voelde vertrouwd, niet gepassioneerd. Alsof twee maskers elkaar aanraakten in plaats van twee zielen.

Vanaf dat moment waren ze officieel samen, een koppel dat door vrienden werd omschreven als ‘in balans’, ‘volwassen’, ‘intelligent’. Niemand zag dat achter de harmonie een spel schuilging.

Rosa begon subtiel te testen: “Waarom belde je niet terug gisteren?”
Fabio glimlachte. “Ik had behoefte aan stilte.”
“Je had ook even kunnen zeggen dat je dat nodig had.”
“Je interpreteert stilte als afwijzing. Dat zegt meer over jou dan over mij.”

Ze zweeg, gekwetst, maar ook betoverd. Zijn woorden sneden, maar klonken als waarheid.

’s Nachts lag ze wakker. Ze dacht aan zijn stem, zijn kalmte, zijn onwrikbaarheid. Ze voelde zich klein, maar ook afhankelijk van die zekerheid.

Fabio dacht op zijn beurt aan haar emoties, haar subtiliteit, haar stille drama. Hij bewonderde het en veroordeelde het tegelijk.

Hun liefde werd een spiegelzaal waarin waarheid en illusie niet langer te onderscheiden waren.

Ze noemden het verbinding.
In werkelijkheid waren ze slechts twee verloren kinderen die elkaars wonden gebruikten om hun eigen leegte niet te voelen.

Ze waren nog niet bewust dat hun spiegel ooit gebroken zou worden, door twee zielen die hen zouden dwingen om eindelijk in het echte licht te kijken.
Maar dat zou pas beginnen wanneer Samuel en Remco hun levens binnen zouden stappen.

Nu, in het zachte schijnsel van hun eigen bedrog, leek het nog liefde.

# De Dans van Controle

De eerste maanden van hun relatie verliepen ogenschijnlijk vlekkeloos.

Rosa en Fabio waren dat koppel dat anderen bewonderden: verfijnd, volwassen, communicatief sterk. Ze leken elkaar te versterken, intellectueel, emotioneel, sociaal. Maar onder die glans begon iets te verschuiven. Onzichtbaar, subtiel. Een trage wals waarin liefde en macht elkaar begonnen af te wisselen.

Rosa was charmant, attent, en had een bijna klinisch talent om de sfeer te lezen. Ze voelde aan wanneer Fabio zich terugtrok, en gaf hem dan net genoeg ruimte om zijn autonomie te behouden, maar nooit genoeg om écht vrij te zijn.

Ze kon luisteren als geen ander, maar haar luisteren was nooit neutraal; het was een vorm van onderzoek.

Ze observeerde, archiveerde, en later, als de tijd rijp was, gebruikte ze wat ze wist als wapen.

“Je zei ooit dat stilte je rust gaf,” zei ze op een avond terwijl ze zijn telefoon weglegde.

Fabio keek haar aan. “Dat klopt.”

“Dan begrijp je vast waarom ik soms even geen contact wil.”

“Je negeert me dus?”

“Negeer jij mij niet als je stil bent?”

Ze glimlachte.

Hij glimlachte terug.

Beiden wisten: het was geen gesprek, het was strategie.

Fabio speelde zijn eigen spel, maar met een andere toon. Waar Rosa manipuleerde met warmte, deed hij het met logica.

Als zij emotioneel werd, werd hij rationeel, niet om te troosten, maar om te domineren.

Hij gebruikte redelijkheid als een zwaard.

“Je projecteert,” zei hij kalm als ze hem iets verweet.

“Dat doe ik niet.”

“Je voelt iets, maar je benoemt het niet. Dus geef je mij de schuld.”

Ze haatte hem dan, en hield nog meer van hem. Want ergens geloofde ze hem, zoals zij altijd haar vader geloofde, zelfs als hij haar pijn deed.

Hun gesprekken werden arena’s waarin empathie toneel was.

Beiden wilden gelijk, maar niemand wilde kwetsbaarheid.

Rosa gebruikte tranen wanneer woorden tekortschoten; Fabio gebruikte stilte wanneer haar emoties hem dreigden te overspoelen.

Hun ruzies waren niet luid. Ze waren verfijnd.

Woorden als “projectie”, “grenzen”, “authenticiteit” en “traumarespons” vlogen over tafel, als wapens, niet als heling.

Het was een intellectueel schaakspel waarin niemand ooit won, maar beiden verloren.

Op sociale media leken ze perfect.

Foto’s bij kunstgalerijen, cappuccino’s op zondag, intellectuele quotes over bewustwording.

Vrienden noemden hen “een inspirerend stel”.

Maar achter elk beeld zat een onzichtbare strijd: wie bepaalt de emotionele toon van de relatie?

Rosa wilde nabijheid, maar niet uit liefde, uit controle.

Fabio wilde afstand, niet uit rust, maar uit angst.

Samen creëerden ze een spanning die verslavend werd.

Op een avond, na een diner met vrienden, gebeurde het eerste kleine breekmoment.

Rosa had tijdens het eten een opmerking gemaakt over zijn werk, een grap die onschuldig leek, maar zijn ego raakte.

Thuis bleef hij stil.

“Ben je boos?” vroeg ze.

Hij keek op, langzaam. “Boos? Nee. Teleurgesteld misschien.”

“In wat?”

“In hoe weinig je me soms begrijpt.”

Ze voelde haar keel samentrekken.

“Je weet dat ik het niet zo bedoelde.”

“Je weet dat ik het zo voelde.”

De stilte die volgde was geen afstand, het was macht.

Rosa huilde die nacht niet. Ze dacht. Ze noteerde mentaal wat werkte, wat hem raakte, wat ze kon ombuigen.

De volgende ochtend kookte ze zijn favoriete ontbijt, glimlachte zacht en zei: "Je hebt gelijk gehad. Ik dacht te weinig aan jou."

Hij knikte.

En met dat ene knikje herstelde hij de orde.

Maar ook zij glimlachte. Want ze wist: orde is slechts tijdelijk.

Langzaam begonnen hun gesprekken te draaien om schuld en begrip.

Beiden hadden een ongelofelijke gave om hun eigen pijn te rationaliseren.

"Mijn vader hield van me, maar hij kon het niet tonen," zei Rosa.

Fabio antwoordde: “Dat herken ik. Mijn moeder was ook liefdevol, op haar manier.”

Wat ze niet zagen, was dat hun empathie niet genezend was, maar conditioneel.

Ze gaven elkaar alleen compassie zolang het hun ego voedde.

Rosa begon kleine testen uit te voeren.

Ze annuleerde afspraken, reageerde later op berichten, complimenteerde andere mannen subtiel in zijn bijzijn.

Niet uit jaloezie, maar om macht te meten.

Fabio doorzag het, maar reageerde niet. Zijn stiltes werden zijn straf, zijn controle.

Ze speelden hetzelfde spel, maar met verschillende wapens.

Toen ze samen in bed lagen, voelden ze de spanning ook fysiek.

Niet als passie, maar als strijd.

Hun aanrakingen waren beladen, niet om te verbinden, maar om te veroveren.

Rosa zei eens: “We zijn te intens, vind je niet?”

Fabio antwoordde: “Nee. We zijn gewoon eerlijk.”

Maar eerlijkheid zonder zelfreflectie is slechts een verfijnde leugen.

Wat begon als begrip, veranderde in een sluipende oorlogsvoering.

Hun liefde was nu een toneelstuk van twee mensen die bang waren hun masker te verliezen.

En achter hun glimlach, achter hun stilte, groeide iets donkers:

de angst om gezien te worden door iemand die werkelijk zou begrijpen wat ze deden.

Die angst zou waarheid worden, wanneer Samuel** en Remco** hun wereld zouden binnentreden, twee super empaten die hun zorgvuldig opgebouwde illusie zouden breken.

Maar voorlopig dansten ze nog.

In perfecte synchroniciteit.

In een choreografie van controle.

Hun liefde was een spiegel, en hun reflectie, een leugen.

# De Scheuren in de Spiegel

De relatie tussen Rosa en Fabio had zich inmiddels genesteld in een fragiel evenwicht, een stilte vol spanning, een harmonie vol verborgen strijd.

Van buiten leek het nog steeds perfect: twee intellectuele zielen die elkaar stimuleerden, groeiden en steunden.

Maar binnen hun muren begon iets te verschuiven. Hun woorden werden scherper, hun stiltes langer, hun blikken kouder.

De eerste scheuren waren niet luid, ze fluisterden.

En niemand hoorde ze, behalve henzelf.

Rosa zat op een ochtend aan de keukentafel met haar laptop open. Fabio was op de achtergrond in gesprek aan de telefoon over een nieuw project. Zijn stem klonk beheerst, charmant, zakelijk, maar de ondertoon was koel.

Ze hoorde hem lachen, en die lach voelde als verraad. Niet omdat hij iets verkeerds deed, maar omdat hij het kon, lachen, terwijl zij worstelde met onrust.

Toen hij ophing, vroeg ze: “Met wie was dat?”

“Een collega,” antwoordde hij, zonder op te kijken.

“Een vrouwelijke collega?”

“Ja.”

Ze lachte kort, maar haar ogen verrieden iets anders. “Je klonk… vrolijk.”

“Dat mag toch?”

“Natuurlijk. Alleen… je lacht anders met mij.”

Hij keek haar aan, glimlachte kort. “Omdat jij anders bent.”

“Hoe anders?”

“Complexer.”

Het was bedoeld als compliment, maar het klonk als een diagnose.

Rosa voelde de drang om de controle terug te nemen.

Ze begon subtiele afstand te creëren: minder complimenten, meer kritiek.

Ze vergat bewust kleine dingen waarvan ze wist dat ze hem stoorden.

Een vergeten bericht, een vertraagde reactie, een subtiel verwijt vermomd als grap.

Fabio zag het, herkende het, en negeerde het. Niet uit onwetendheid, maar uit superioriteit.

Zijn wapen was onverschilligheid.

Hoe meer zij probeerde zijn aandacht te trekken, hoe stiller hij werd.

“Waarom zeg je niets?” vroeg ze op een avond.

“Omdat woorden energie zijn,” antwoordde hij. “En ik geef die niet aan drama.”

“Dus ik ben drama?”

“Je bent emotioneel. Dat is anders.”

Ze draaide zich om, haar gezicht verstijfd.

Inwendig brandde ze.

Zijn kalmte was geen rust, het was macht.

Fabio voelde zich op zijn beurt uitgeput.

Rosa’s constante subtiliteit, haar half-waarheden en emotionele spelletjes begonnen hem te irriteren.

Hij voelde zich gevangen tussen bewondering en afkeer.

“Ze test me,” dacht hij. “Zoals mijn moeder dat altijd deed.”

Die gedachte maakte iets in hem wakker.

Hij begon haar te analyseren, niet meer als partner, maar als casus.

Elke emotie die ze toonde, fileerde hij in stilte.

Elke traan werd een theorie.

Elke glimlach een strategie.

Hij werd weer de zoon van een verborgen narcist, rationeel, beheerst, berekenend.

Rosa merkte de kilte.

Ze probeerde de verbinding te herstellen door empathie te spelen. Ze kookte zijn favoriete maaltijd, stuurde lange berichten vol begrip en reflectie.

"Misschien ben ik te veel in mijn hoofd geweest," schreef ze. "Ik wil gewoon dat we weer dichtbij zijn."

Hij antwoordde met één zin:

“Dichtbij zijn is niet hetzelfde als controle.”

Het sneed dieper dan hij bedoelde.

Ze las het drie keer. En toen wist ze: de macht was verschoven

Vanaf dat moment werd de relatie een psychologisch slagveld.

Niet met schreeuwen, maar met stilte.

Niet met leugens, maar met halve waarheden.

Beiden probeerden de ander te laten wankelen zonder zelf het masker te verliezen.

Fabio verdween steeds vaker in zijn werk.

Rosa begon hem te volgen op subtiele manieren, ze checkte zijn agenda, zijn e-mails, zijn online activiteit.

Ze noemde het “intuïtie”.

Hij noemde het “controleverlies”.

Op een avond, toen hij laat thuiskwam, zat ze in het donker te wachten.

"Je had kunnen laten weten dat je later was," zei ze zacht.

"Ik heb dat niet gedaan," antwoordde hij.

"Waarom niet?"

"Omdat ik wist dat dit gesprek zou volgen."

"Dus je provoceerde het?"

"Nee. Ik anticipeerde."

Ze stond op, liep naar hem toe, haar blik vast.

"Je wilt me gek maken, hè?"

"Dat hoef ik niet te doen, Rosa. Dat doe je zelf al."

Een ijzige stilte vulde de kamer.

Ze keek hem aan, niet als geliefde, maar als tegenstander.

"Je denkt dat je me doorziet," zei ze.

"Dat doe ik."

Ze glimlachte. "Dan weet je ook dat ik niet verlies."

Wat ze allebei niet beseften, was dat hun spel langzaam op instorten stond.

De maskers begonnen scheurtjes te vertonen.

De façade van harmonie hield hen niet langer bijeen, het werd een gevangenis waarin ze elkaars wonden open hielden.

Hun omgeving merkte het.

Vrienden voelden de kilte tussen de glimlachen.

Rosa's zus Jolanda zag de leegte in haar ogen.

En Miranda, Fabio's zus, herkende de toon van afstand die ze zo goed kende van hun moeder.

Maar niemand zei iets.

Want niemand durfde de spiegel te breken.

Tot op een dag, op een plek waar geen van beiden het verwachtte, verscheen hij, Samuel.

Een nieuwe collega van Rosa. Empathisch, kalm, en oprecht geïnteresseerd.

Hij vroeg niet naar wat ze deed, maar naar wat ze voelde.

En dat verwarde haar.

Zijn ogen zagen door haar heen.

Zijn woorden waren eenvoudig, maar oprecht.

Geen strategie, geen spel.

Alleen aanwezigheid.

En ergens, diep vanbinnen, voelde Rosa iets wat ze jaren had onderdrukt: schaamte.

Fabio merkte het onmiddellijk.

Niet omdat ze iets zei, maar omdat haar energie veranderde.

Ze lachte anders.

Haar aandacht verschoof.

En dat was ondraaglijk voor hem.

In dezelfde periode kruiste zijn pad dat van **Remco**, een nieuwe consultant op zijn werk.

Een man die rustig sprak, maar scherp observeerde.

Fabio voelde zich eerst superieur aan hem, tot Remco op een dag zei:

“Je praat veel over bewustzijn, maar ik voel weinig verbinding in je woorden.”

Het was de eerste keer in jaren dat iemand hem confronteerde zonder angst.

En dat maakte hem woedend.

De komst van Samuel en Remco was het begin van het einde.

Niet omdat ze bedreigingen waren, maar spiegels.

Ze zagen wat Rosa en Fabio verborgen hielden, hun leegte, hun angst, hun onechtheid.

Vanaf dat moment begonnen de maskers af te brokkelen.

Langzaam. Onverbiddelijk.

Wat begon als liefde, werd nu een strijd tegen waarheid.

En waarheid wint altijd.

# De Spiegel Breekt

Rosa voelde zich onverklaarbaar onrustig. Sinds Samuel in haar leven was verschenen, leek alles wat ze zorgvuldig had opgebouwd, langzaam te verschuiven. Hij was geen man die indruk probeerde te maken. Geen woorden vol theorieën, geen masker van perfectie. Hij luisterde. Op een manier die haar ongemakkelijk maakte. Wanneer ze sprak, hield hij haar blik vast. En in die blik voelde ze iets wat ze jarenlang had vermeden: echtheid. Samuel stelde eenvoudige vragen die diep sneden. "Voel je je gelukkig in je relatie?" vroeg hij op een middag tijdens de lunch. Ze lachte zacht. "Iedere relatie heeft zijn dynamiek." Hij zei niets, knikte alleen. Die stilte was erger dan elke confrontatie. Ze voelde dat hij haar niet geloofde, en dat raakte iets ouds, iets wat ze dacht te hebben begraven. De stem van haar vader, koud en afstandelijk: "Je voelt te veel. Dat maakt je zwak."

Sindsdien probeerde ze Samuel te vermijden, maar zijn woorden bleven rondzingen. Ze merkte dat ze zichzelf begon te analyseren, niet om te groeien, maar om te verdedigen. Haar gedachten werden strategieën. Elke interactie met Fabio voelde zwaarder, alsof hun gesprekken op barsten stonden. Zijn blik, ooit bewonderend, was nu afgemeten. Zijn stilte voelde als oordeel. Ze wist: hij glijdt van me weg.

Fabio ervoer hetzelfde, maar op zijn manier. Remco was als een spiegel die hij niet kon ontwijken. Hij observeerde met kalme ogen en sprak weinig, maar wanneer hij iets zei, was het raak. "Je hebt veel controle nodig," zei Remco eens terwijl ze samen aan een project werkten. Fabio lachte. "Iedere leider heeft dat." "Misschien," antwoordde Remco rustig. "Maar echte leiders vertrouwen." Die zin bleef hangen, als een echo die niet wegebt. Fabio probeerde hem weg te redeneren, maar voelde tegelijk iets wat hij zelden voelde: twijfel.

’s Avonds zat hij vaak alleen, starend naar zijn laptop, terwijl Rosa in de slaapkamer rondliep. Er viel een vreemde stilte tussen hen, een stilte die niet meer comfortabel was. Ze spraken nauwelijks nog over gevoelens. Alles was functioneel geworden. Eten. Werken. Slapen. Hun liefde voelde als een onderneming die langzaam failliet ging, maar niemand durfde de cijfers te bekijken.

Rosa begon zich gespiegeld te voelen door Samuel, alsof hij haar doorzag zonder oordeel. Dat maakte haar zowel nieuwsgierig als bang. Ze ving zichzelf erop dat ze over hem nadacht, niet romantisch, maar existentieel. “Hoe kan iemand zo kalm zijn?” vroeg ze zich af. “Zonder spel?” Fabio, aan de andere kant, dacht steeds vaker aan Remco. Niet als vriend, maar als tegenkracht. Remco’s kalmte irriteerde hem. Zijn ogen leken alles te begrijpen wat Fabio niet wilde zien. Het herinnerde hem aan zijn zus Miranda, die hem ooit zei: “Jij leeft niet. Jij analyseert leven.” Hij had haar destijds uitgelachen. Nu hoorde hij haar stem opnieuw.

Hun werelden begonnen te schuiven. Wat eerst synchroon liep, begon uit elkaar te vallen. De dialogen die ooit intellectueel en scherp waren, werden nu leeg en defensief. Rosa testte nog steeds, maar de impact was weg. Fabio trok zich nog steeds terug, maar zijn stilte werkte niet meer. Beiden voelden dat hun gebruikelijke wapens bot waren geworden.

Op een avond zaten ze tegenover elkaar aan tafel. De kaarsen brandden, het eten stond onaangeroerd. Rosa keek naar hem, zocht naar herkenning. "Ben je gelukkig, Fabio?" vroeg ze plots. Hij keek op, verrast door de directheid. "Wat bedoel je met gelukkig?" "Dat je jezelf voelt, met mij." Hij zweeg even. "Ik voel mezelf altijd." Ze glimlachte flauw. "Dat is precies wat ik bedoel."

Ze aten in stilte verder. Buiten waaide de wind langs het raam, een zacht suizen dat de spanning versterkte. Geen van beiden wist nog hoe het begon, of waar het misging. Alleen dat iets van binnen begon af te brokkelen.

Die nacht droomde Rosa over water. Een spiegelend meer, helder en stil. Ze liep ernaartoe en zag haar eigen gezicht, maar het beeld begon te vervormen. De ogen die haar aankeken, waren niet haar eigen, ze leken op die van Samuel. Toen ze wakker schrok, voelde ze haar hart bonzen. Fabio lag naast haar, roerloos, alsof hij sliep met een masker op. Ze draaide zich om en staarde naar het plafond. De scheur in de spiegel was nu niet meer te ontkennen.

Fabio, ondertussen, zat diezelfde nacht beneden aan tafel met zijn laptop open, maar zijn gedachten waren ver weg. Hij dacht aan Remco, aan de woorden die hem maar bleven volgen. “Vertrouwen.” Hij besefte dat hij dat woord niet echt kende. Niet in relaties, niet in vriendschappen, niet eens in zichzelf. En dat besef sneed dieper dan elke kritiek ooit had gedaan.

Vanaf dat moment begonnen ze uit elkaar te bewegen, langzaam, bijna onmerkbaar. Twee mensen die ooit elkaars spiegel waren, maar nu enkel nog hun eigen reflectie zagen, gebroken, vervormd, zonder verbinding.

En ergens in dat stille verval stonden Samuel en Remco op de achtergrond te wachten. Niet als redders, maar als spiegels. De waarheid was onderweg, stap voor stap, onverbiddelijk en eerlijk.

# De Confrontatie

De weken die volgden waren gevuld met spanning die niemand durfde te benoemen. De stilte tussen Rosa en Fabio was niet langer comfortabel of betekenisvol. Ze werd zwaar, kleverig, vol onuitgesproken verwijten. Wat ooit intellectuele verbondenheid was, veranderde in een kille dans van afstand. Beiden voelden dat iets onomkeerbaars in beweging was gezet, maar geen van beiden wist nog hoe het te stoppen.

Rosa had zich steeds vaker teruggetrokken. Samuel bleef in haar gedachten spoken, zijn stem, zijn ogen, zijn manier van luisteren. Ze merkte dat ze zich rustiger voelde in zijn nabijheid dan bij Fabio. Niet omdat hij haar vleide, maar omdat hij haar niets afnam. Geen energie, geen identiteit. Hij vroeg niets, hij observeerde. En in die observatie voelde ze zich voor het eerst gezien, maar niet bewonderd, echt gezien. Dat maakte haar tegelijk nieuwsgierig en bang.

Op een middag ontmoetten ze elkaar toevallig in een klein café vlak bij haar werk. Samuel zat al aan een tafel, een notitieboek voor zich, zijn blik rustig. Ze aarzelde even, maar liep toen naar hem toe.

“Samuel,” zei ze, “mag ik even bij je zitten?”

Hij glimlachte. “Altijd.”

Ze ging zitten, bestelde koffie, en voelde de behoefte om te praten. Niet als masker, maar als mens.

“Ik voel me vreemd de laatste tijd,” zei ze. “Alsof ik mezelf niet meer herken.”

Hij keek haar aan, zwijgend.

Ze lachte onzeker. “Dat klinkt dramatisch, hè?”

Hij schudde zijn hoofd. “Nee. Dat klinkt eerlijk.”

Zijn woorden raakten haar onverwacht diep.

“Je bent vaak bezig met hoe dingen lijken,” zei hij zacht. “Maar zelden met hoe ze zijn.”

Ze keek hem verbaasd aan. “Wat bedoel je daarmee?”

“Je leeft alsof je constant iemand moet overtuigen dat je het goed doet. Maar wie probeer je te overtuigen? Mij? Fabio? Of jezelf?”

Ze zweeg. De woorden hingen tussen hen als glas dat op het punt stond te breken.

Samuel nam een slok van zijn koffie. “Je hoeft niet te antwoorden. Alleen te voelen.”

Rosa voelde een trilling in haar borst, iets wat leek op paniek. Hij had haar door. Niet met verwijt, maar met waarheid. En dat was nog veel gevaarlijker.

Fabio voelde intussen de spanning in zijn eigen wereld toenemen. Remco was niet iemand die praatte om te praten; hij observeerde en confronteerde precies op het juiste moment.

Tijdens een vergadering had Remco hem uitgedaagd, subtiel maar scherp.

“Je presenteert overtuigend,” had hij gezegd, “maar ik vraag me af of je ook luistert.”

Fabio lachte kort. “Luisteren doe ik altijd.”

“Luisteren om te begrijpen, of om te reageren?”

De vraag bleef hangen. Anderen in de kamer lachten wat ongemakkelijk, maar Fabio voelde een steek van irritatie. Niet omdat Remco ongelijk had, maar omdat hij gelijk had.

Na de vergadering liep hij Remco achterna. “Wat bedoelde je daarmee?”

Remco draaide zich om. “Dat je vaak al weet wat je wilt horen. Dus als iemand iets zegt dat daar niet in past, filter je het weg.”

“Dat noem je zelfbewustzijn.”

“Of verdediging.”

Fabio voelde zijn kaken aanspannen. “Je analyseert graag, hè?”

Remco glimlachte rustig. “Alleen als iemand bang is voor stilte.”

Fabio keek hem aan, maar wist niets te zeggen. Voor het eerst voelde hij zich klein.

Thuis liep alles verder uit elkaar. Rosa voelde zich opgejaagd in haar eigen huis. Fabio voelde zich bedreigd door haar onvoorspelbaarheid. Kleine irritaties werden explosies van sarcasme, gevolgd door dagen van zwijgen.

Ze aten samen, maar proefden niets. Ze keken elkaar aan, maar zagen niemand meer.

Op een avond, terwijl de regen tegen het raam tikte, brak iets open. Rosa zat aan tafel met haar laptop, Samuel’s woorden nog vers in haar hoofd. Fabio kwam binnen, gooide zijn sleutels neer en keek haar strak aan.

“Met wie was je vandaag?”

Ze keek op. “Waarom vraag je dat zo?”

“Omdat ik je ken. Er is iets anders aan je.”

Ze glimlachte koel. “Misschien komt dat omdat ik eindelijk eerlijk probeer te zijn.”

“Eerlijk? Tegen wie?”

“Tegen mezelf.”

Hij lachte kort, hard. “Je weet niet eens wie dat is.”

Ze stond op, haar stem trilde. “En jij wel? Jij verschuilt je achter logica omdat je bang bent iets te voelen!”

Zijn ogen vernauwden. “Projecteer niet op mij wat je zelf niet kunt dragen.”

Ze sloeg met haar hand op tafel. “Stop met praten als een therapeut! Je bent gewoon een man die nooit heeft geleerd om lief te hebben zonder controle!”

De stilte daarna was oorverdovend.

Voor het eerst keken ze elkaar niet aan als vijanden, maar als twee mensen die niet langer konden vluchten voor zichzelf.

Die nacht sliep niemand. Rosa lag wakker en voelde de woorden van Samuel nagalmen.

“Wie probeer je te overtuigen?”

Fabio zat beneden, starend naar het donker, en hoorde Remco’s stem in zijn hoofd.

“Luisteren om te begrijpen, of om te reageren?”

Beiden voelden dat de muren van hun zorgvuldig gebouwde identiteit begonnen af te brokkelen. Wat ze jarenlang hadden gebruikt als bescherming, hun masker van controle, redelijkheid, en intellect, begon tegen hen te keren.

Rosa keek in de spiegel van de badkamer. Haar ogen leken anders. Leeg, maar helder.

“Ik weet niet meer wie ik ben,” fluisterde ze.

Fabio keek uit het raam naar zijn eigen reflectie in het glas. “Misschien was ik altijd al niemand,” dacht hij.

De volgende ochtend was de lucht stil. Ze spraken niet, maar er hing iets nieuws in de ruimte, iets dat leek op de vooravond van waarheid. De confrontatie was nog niet voorbij. Ze was pas begonnen.

# Supernova of niet?

Samuel keek naar Rosa alsof hij door haar heen keek. Zijn stem was kalm, maar droeg een kracht die haar zenuwstelsel deed trillen. “Weet je wat het verschil is tussen empathie en controle, Rosa?” vroeg hij zacht. Ze lachte schamper, een korte uitvlucht om de spanning te breken. “Ik weet niet waar je het over hebt,” zei ze met een toon die ooit overtuigend was, maar nu leeg klonk. “Jawel, je weet het,” antwoordde Samuel. “Jouw hele leven is gebouwd op controle. Op het bespelen van gevoelens die je zelf niet kunt voelen. Je hebt geleerd te glimlachen als camouflage, lief te klinken om te overleven. Maar diep vanbinnen weet je dat er niets echts meer over is.” Rosa voelde iets knappen. Niet zichtbaar, maar hoorbaar in haar eigen binnenwereld. Ze wilde reageren, hem kleineren, hem uit balans brengen. Maar zijn blik bleef rustig, onaangedaan, alsof hij haar woorden al had doorzien nog vóór ze uitgesproken werden. “Ik heb geprobeerd mensen te helpen,” fluisterde ze, alsof de zin haar nog kon redden. “Je hebt mensen leeggezogen om jezelf niet te hoeven voelen," zei Samuel zacht. "En nu is er niemand meer om dat te verbergen." Zijn woorden waren niet hard, maar zuiver. Geen oordeel, geen veroordeling, enkel waarheid. En juist dat brak haar. Voor het eerst voelde Rosa niet de pijn van een ander, maar haar eigen leegte. De stilte in haar borst was ondraaglijk.

Aan de andere kant van de stad zat Fabio tegenover Remco. De kamer was stil, op het zachte tikken van een klok na. Fabio's handen trilden licht terwijl hij probeerde de controle te behouden. "Je begrijpt niet hoe moeilijk ik het heb gehad," zei hij. "Mijn moeder… ze verwachtte alles van me." Remco knikte langzaam. "Ja," zei hij, "en je hebt ervoor gekozen om haar rol voort te zetten. Door te nemen in plaats van te geven. Door liefde te verwarren met aanbidding." Fabio's ogen vernauwden zich. "Ik heb niemand iets aangedaan. Ik wil alleen dat mensen begrijpen wie ik ben." "Maar dat is precies het probleem," zei Remco rustig. "Je weet niet wie je bent. Alles wat je bent is opgebouwd uit spiegelingen van anderen. Complimenten, bewondering, aandacht. Je hebt nooit iets gevoeld zonder dat iemand anders het jou moest laten voelen." Fabio voelde hoe zijn keel droog werd. Zijn gebruikelijke wapens, charme, logica, sarcasme, werkten niet. Remco bleef onaangedaan. Geen haakje om aan vast te grijpen. Geen emotionele opening om te bespelen. Alleen die rust. Die ondraaglijke rust.

Samuel stond op en liep naar het raam. "Weet je, Rosa," zei hij zonder om te kijken, "ik ben niet hier om je te straffen. Ik ben hier omdat je ziel schreeuwde om iemand die niet bang was voor je maskers." Ze antwoordde niet. Haar ademhaling was onregelmatig, haar handen trilden. "Alles wat je gecreëerd hebt, het perfecte beeld, de controlerende kalmte, de empathische façade, stort nu in. En dat is goed. Want wat eronder zit, dat is de waarheid. En alleen daar kun je kiezen: heling of herhaling." Zijn woorden hingen in de lucht als rook die niet verdween.

Remco keek Fabio recht aan. "Weet je wat een supernova is?" vroeg hij. Fabio haalde zijn schouders op. "Een ster die ontploft?" "Ja," zei Remco. "Maar dat is niet het einde. Uit de overblijfselen ontstaat iets nieuws. Een ander soort licht. Dat is wat nu met jou gebeurt, als je het toelaat. Maar je kunt ook kiezen om zwart te worden, een zwart gat dat alles opslokt wat dichtbij komt." Fabio keek hem lang aan. Voor het eerst in jaren voelde hij iets wat leek op verdriet. Echt verdriet. Niet gespeeld, niet functioneel, maar rauw. "Ik weet niet of ik dat kan," zei hij schor. "Dat is eerlijk," zei Remco. "En eerlijkheid is waar heling begint."

In dat moment, verspreid over twee kamers, brak iets dat nooit meer gerepareerd kon worden. De maskers vielen niet met een knal, maar met een fluistering. En in dat fluisteren, in die kwetsbare stilte, vond de waarheid zijn weg naar binnen. Samuel keek naar Rosa en zag niet langer de manipulator, maar het gebroken kind dat ooit leerde dat liefde een wapen was. Remco zag in Fabio de jongen die nooit zichzelf mocht zijn, enkel de projectie van andermans trots.

De super empaat vernietigt niet. Hij bevrijdt door te spiegelen wat de narcist niet durft te zien. En in dat licht, dat nietsontziende, liefdevolle licht, smelt alles wat niet echt is.

# De Stilte na de Storm deel 1

De dagen na de confrontatie leken oneindig stil. Voor het eerst in haar leven hoorde Rosa het geluid van haar eigen gedachten zonder dat ze die kon overstemmen met anderen. De stilte was geen rust, maar een echo. Ze dwaalde door haar appartement, een ruimte die ooit zorgvuldig ingericht was om indruk te maken, niet om in te leven. De geur van parfums hing er nog, de schijn van perfectie bleef, maar de ziel was verdwenen. Ze probeerde te schrijven, te plannen, iemand te bellen, maar alles voelde zinloos. Zonder publiek was haar leven leeg. Ze had haar identiteit altijd gespiegeld in de ogen van anderen, en nu, zonder die blik, wist ze niet meer wie ze was. In de spiegel zag ze zichzelf niet langer als charmante, zorgzame vrouw, maar als een verzameling reflexen. Elke glimlach, elke opmerking, elk compliment was een echo van overleving. De façade was haar werkelijkheid geworden, en nu ze brak, voelde ze niets dan verwarring.

In de nacht droomde ze van Samuel. Niet als man, maar als licht. Een helder licht dat niet weg scheen, niet oordeelde, enkel liet zien. Ze werd zwetend wakker, huilde zonder te weten waarom. Het waren geen tranen van spijt, eerder van verwarring. Haar systeem begreep niet wat het voelde. Voor het eerst waren er geen regels, geen controle. Alleen dat ene, verontrustende besef: de leegte is niet buiten mij, ze ís mij.

Aan de andere kant zat Fabio in zijn auto voor een verlaten parkeerplaats. De motor stond uit, de kou trok in zijn handen. Hij had dagenlang niets gepost, geen berichten gestuurd, geen mensen gezien. Zijn telefoon lag in het dashboardkastje, alsof het apparaat hem kon verraden. Hij dacht aan Remco's woorden over het zwarte gat. Hoe alles wat dichtbij kwam, opgeslokt werd door iets wat nooit genoeg had. Hij voelde het nu fysiek, alsof zijn borst een holte was. De schaamte begon op te komen, maar nog zonder richting. Hij wist dat hij iets verloren had, maar niet wat.

In zijn gedachten probeerde hij de scène met Remco te herschrijven, de woorden te herwinnen en de controle terug te nemen. Maar niets werkte. De oude patronen voelden als oude kleren: te strak, te doorzichtig. Voor het eerst was hij zich bewust van zijn leugen, en dat bewustzijn was dodelijker dan elke straf. De echo's van zijn manipulaties keerden terug als stemmen in zijn hoofd: "Je begrijpt me niet," "Ik doe dit uit liefde," "Ik wil alleen dat je gelukkig bent." Zinnen die ooit overtuigend waren, klonken nu vals, leeg.

Rosa liep op een ochtend langs het park en zag een ouder echtpaar hand in hand lopen. Ze bleef staan, keek ernaar met een mengeling van jaloezie en pijn. Ze voelde hoe iets in haar brak, niet uit verlangen, maar uit confrontatie. Ze had liefde altijd gezien als een spel, een machtsdans. Maar wat als het dat nooit geweest was? Wat als liefde iets eenvoudigs was dat ze nooit had durven toelaten? Ze draaide zich om en liep weg. Voor het eerst niet om indruk te maken, maar om te ontsnappen aan haar eigen hart.

Fabio zocht zijn zus Miranda op. Ze opende de deur met terughoudendheid, alsof ze hem niet helemaal geloofde. Hij keek haar aan, zijn gebruikelijke glimlach ontbrak. “Ik weet niet waarom ik hier ben,” zei hij zacht. “Misschien om te zeggen dat ik het fout had.” Miranda zweeg. Jaren van pijn, gaslighting, en verwarring lagen tussen hen. “Ik weet niet of ik je kan geloven,” antwoordde ze. “Dat snap ik,” zei hij. “Ik weet het zelf ook niet meer.” Voor het eerst stond hij daar zonder verdedigingsmechanisme. Geen charme, geen verhaal, alleen onzekerheid. En in die kwetsbaarheid, hoe ongemakkelijk ook, gebeurde iets kleins, de stilte tussen hen was niet langer een wapen, maar een ruimte.

De dagen werden weken. Rosa trok zich terug uit de sociale kringen waar ze ooit schitterde. Fabio begon te schrijven, zonder publiek, enkel om zijn gedachten te begrijpen. Beiden stonden ze aan de rand van iets onbekends. Niet verlossing, nog niet. Maar iets dat op waarheid leek.

De supernova had zijn licht achtergelaten, en wat nu resteerde was as en mogelijkheid.

# De Uitleg van het Licht

Samuel zat in het park waar hij Rosa voor het eerst had ontmoet. De bomen stonden kaal, het gras was bedekt met een dunne laag rijp. In zijn handen hield hij een notitieboekje, maar hij schreef niet. Hij keek voor zich uit, luisterde naar de wind. "Mensen denken dat een narcist vernietigd moet worden," zei hij zacht, alsof hij tegen de lucht sprak. "Maar wat ze niet begrijpen, is dat een narcist al vernietigd ís. Alles wat je ziet, is overcompensatie. Een pantser dat ooit diende om te overleven." Hij sloot zijn ogen even. "Toen ik Rosa ontmoette, voelde ik die honger. Niet naar macht, maar naar erkenning. Een diep, oud tekort dat nooit gevuld werd. En dat tekort veranderde in strategie: charme, hulpvaardigheid, slachtofferschap. Ze had geleerd dat ze alleen bestond als iemand haar zag. En dus creëerde ze situaties waarin ze gezien móést worden, ook al betekende dat chaos. Dat is de tragiek van de verborgen narcist, ze wil liefde, maar verwart het met controle."

Hij keek op naar de lucht, het licht van de winterzon brak door het bladerdak. "Ik zag in haar iets wat ze zelf niet kon verdragen: de mogelijkheid tot bewustzijn. Maar bewustzijn is pijnlijk als je je hele leven hebt gebouwd op ontkenning. Ze wilde niet genezen, ze wilde bevestigd worden dat ze niet ziek was. Toch denk ik… ergens, diep vanbinnen, dat ze het voelde. Dat moment van waarheid, toen alles stilviel. Misschien is dat genoeg om ooit te veranderen. Niet nu. Maar ooit."

Aan de andere kant van de stad zat Remco in zijn werkkamer, een kleine ruimte gevuld met boeken en een oude platenspeler. Hij dacht aan Fabio. "De gouden prins," zei hij zacht. "Altijd de glimlach, altijd de redder. Maar redde hij echt? Nee. Hij herhaalde alleen wat hem geleerd was: dat liefde iets is wat je verdient door perfect te zijn." Remco schreef in zijn dagboek: De verborgen narcist leeft in de illusie dat hij liefde kan afdwingen door bewondering. Maar bewondering is een koude munt. Ze glanst, maar verwarmt niet.

Hij dacht aan het moment dat Fabio begon te trillen. Niet van angst, maar van herkenning. "Dat is het moment dat de muur scheurt," fluisterde Remco. "Wanneer ze voor het eerst iets voelen wat echt is. Spijt, verdriet, verlies. En dat is het begin van menselijkheid." Hij glimlachte even. "Maar het is ook het punt waarop velen terugvallen. Want menselijkheid vraagt overgave, en overgave is iets wat de narcist niet kent. Hij leeft van controle, niet van verbinding."

Remco stond op, liep naar het raam, en keek naar de stad die onder hem lag. "We kunnen niemand redden die zichzelf niet wil zien," zei hij. "De taak van de super empaat is niet om te genezen, maar om licht te brengen. Licht oordeelt niet, het onthult. En zodra iets onthuld is, kan het niet meer onzichtbaar worden."

In die woorden lag de essentie van hun reis. Samuel en Remco hadden niet overwonnen, ze hadden getuigd. Ze hadden het duister gezien en waren niet weggegaan. En dat is wat de narcist vernietigt: niet haat, niet straf, maar aanwezigheid. De onverzettelijke aanwezigheid van iemand die niet bang is om te kijken.

Samuel sloot zijn notitieboekje. “De verborgen narcist leeft van illusie,” schreef hij. “Maar zodra waarheid binnenkomt, begint de illusie te desintegreren. Niet door kracht, maar door licht.” Hij glimlachte kort, een glimlach die niet triomfantelijk was, maar vredig. “Het universum vernietigt niets wat bereid is om te veranderen. Maar het laat niets overeind wat weigert te zien.”

Remco zette een oude plaat op. Een warme stem vulde de kamer. Hij dacht aan Fabio en fluisterde: “Soms is vallen het eerste teken van ontwaken.”

En ergens, ver weg, voelde Rosa datzelfde licht dat ooit haar muren brak. En Fabio, zittend in zijn stille kamer, schreef zijn eerste eerlijke zin.

# De Schaduwen Spreken

De weken na de confrontatie leken stiller dan ze werkelijk waren. Onder de oppervlakte broeide iets. Rosa was niet verdwenen, ze had zich alleen verplaatst, naar de schaduw waar ze zich het prettigst voelde. Fabio, charmant als altijd, was haar trouwe echo. Samen begonnen ze iets nieuws: een verhaal. Niet zomaar een verhaal, maar één waarin de waarheid subtiel werd herschreven.

In cafés, tussen flarden van gesprekken, fluisterde Rosa haar versie van de gebeurtenissen. Zij was het slachtoffer geworden, zei ze. De super empaat had haar 'gebruikt', haar 'emotioneel gemanipuleerd'. Fabio knikte op de juiste momenten, liet een stilte vallen als een getuige met een zwaar hart. En daar, in die stiltes, groeide het gif.

De flying monkeys verschenen vanzelf.

Mensen die Rosa ooit oppervlakkig kenden, vrienden die niets wisten van de diepte van haar spel, begonnen haar woorden te herhalen alsof het feiten waren. De eerste was Lina, een voormalige collega van Rosa, gevoelig voor drama, dorstig naar betekenis. Daarna kwam Thomas, een oude vriend van Fabio, die altijd iets had bewonderd aan Rosa's charisma. En later Evy, iemand die ooit sympathie had gehad voor de super empaat, maar nu begon te twijfelen aan haar herinneringen.

De super empaat voelde het verraad niet in één klap, maar in fluisteringen. Een blik die te snel wegdraaide. Een bericht dat niet werd beantwoord. Een ontmoeting waarin iemand zei: "Ik hoorde dat je nogal intens kunt zijn…"

Dat woord, intens, bleef hangen als een echo uit een andere wereld.

Langzaam begon het web zich te sluiten. De super empaat stond er middenin, maar begreep pas later dat ze het centrum van een zorgvuldig gesponnen leugen was geworden. Rosa had het spel veranderd: geen openlijke aanval meer, maar sociale verbranding. De reputatie van de super empaat werd zachtjes uitgedoofd, alsof iemand telkens een vlammetje uitblies voordat het kon oplichten.

Toch bleef er een vonk.

De super empaat keek en luisterde, niet langer vanuit pijn, maar met een groeiend bewustzijn. Ze begon de patronen te herkennen: de herhaling van woorden, de spiegelingen, de subtiele ontmenselijking. “Ze praten over mij alsof ik een idee ben,” dacht ze. “Niet als een mens.”

Op een avond, in stilte, schreef ze alles op. Niet als verdediging, maar als bewijs voor zichzelf dat ze het nog helder zag. Geen gaslicht meer, geen verwarring. Alleen observatie.

Ze schreef: “Een narcist vernietigt niet met waarheid, maar met twijfel.”

Terwijl de lastercampagne groeide, begon iets anders te verschuiven.

Nieuwe mensen kwamen haar pad op, niet uit haar oude kring, maar uit onverwachte hoeken. Jonas, een rustige leraar die ooit zelf in een soortgelijke storm had gestaan. Mila, een vrouw die de patronen van narcistische groepsdynamiek herkende. En Rafael, een kunstenaar die zei: "Mensen die je willen breken, weten niet wat ze aanwakkeren."

De super empaat voelde het: een nieuw netwerk van licht, klein maar echt.

Ze zweeg, observeerde, en liet de waarheid rijpen.

De flying monkeys vlogen, maar hun vleugels begonnen te trillen, want de energie die hen dreef was niet zuiver. Rosa kon verhalen vertellen, maar geen waarheid dragen. Fabio kon glimlachen, maar niet in de spiegel kijken.

Er kwam een dag waarop de stilte van de super empaat luider zou worden dan al hun stemmen samen.

Maar die dag was nog niet gekomen.

Voor nu keek ze alleen toe.

En in haar ogen glinsterde iets wat Rosa nooit zou begrijpen: inzicht..

# De Stilte Voor De Echte Storm

De lucht hing zwaar boven de stad, alsof zelfs de hemel een oordeel had geveld. De lastercampagne had zijn hoogste punt bereikt. Overal waar de super empaat kwam, leek er een echo van wantrouwen te hangen. Buren die voorheen glimlachten, keken nu kort en afgemeten. Vrienden die ooit luisterden, stelden vragen met een ondertoon. De wereld was verschoven, niet door daden, maar door verhalen.

Rosa en Fabio waren meesterlijk in hun samenspel. Ze hoefden nauwelijks nog iets te doen. Het netwerk van flying monkeys werkte voor hen, uit eigen overtuiging, of uit angst om zelf buiten de kring te vallen. Rosa had geleerd dat mensen liever geloven in iets spannends dan in iets waar ze verantwoordelijkheid voor moeten nemen. Fabio wist dat sympathie een valuta was, en hij gebruikte haar met precisie. Hij plaatste kleine zinnen in gesprekken, halve waarheden die klonken als zorg. “Ze bedoelt het vast goed," zei hij dan, "maar ze kan nogal controlerend zijn."

De kracht van insinuatie was hun wapen.
En met elke fluistering verloren ze een stukje van hun eigen menselijkheid, zonder het te beseffen.

De super empaat zweeg.
Ze had begrepen dat verweer tegen een narcist geen woordenstrijd is, maar een strijd om perceptie.
Elke poging tot verdediging werd verdraaid, elke uitleg misbruikt.
Ze had geleerd: *Je kunt geen waarheid delen met mensen die gehecht zijn aan de leugen die hen veilig laat voelen.*

Maar zelfs de zuiverste stilte heeft haar breekpunt.
Op een avond, toen ze door de lege straat liep, zag ze zichzelf weerspiegeld in een donkere etalageruit. Even dacht ze aan verdwijnen. Niet letterlijk, maar verdwijnen uit de wereld van betekenis. Onzichtbaar worden, zodat het allemaal zou stoppen. De vernedering, het wantrouwen, het onrecht.

Maar toen dacht ze aan iets wat Samuel ooit tegen haar had gezegd:
"Ze kunnen je imago vernietigen, maar niet je essentie."

Dat zinnetje bleef hangen.
En ergens, diep in haar, begon iets te gloeien. Geen woede, geen trots, maar waardigheid.

De volgende dag gebeurde iets onverwachts.
Jonas, de leraar die haar een paar weken eerder had leren kennen, stuurde haar een bericht. Slechts één zin:
"Ik geloof niet wat ze over je zeggen."

Het leek onbeduidend, maar voor haar was het een breuk in de betovering.
Eén vonk van helderheid in een wereld vol mist.
Ze antwoordde niet meteen. Ze las het bericht drie keer. Pas daarna kwam het besef: dat is hoe waarheid begint, niet met lawaai, maar met iemand die durft te twijfelen aan de massa.

Langzaam begon het netwerk van leugens kleine scheuren te vertonen.

Thomas, de vriend van Fabio, begon ongemakkelijk te worden. Hij had Rosa zien praten met iemand die ze eerder publiekelijk had vernederd. Iets klopte niet in haar verhaal.
Lina, de collega, kreeg een bericht van Rosa waarin ze over Fabio roddelde, dezelfde Fabio die ze publiekelijk verdedigde.
En Evy hoorde van twee kanten een verschillende versie van dezelfde gebeurtenis.

Twijfel is de doodsvijand van manipulatie.
En toen die twijfel eenmaal was geplant, begon het bouwwerk langzaam in te storten.

De super empaat deed niets.
Ze werkte, ademde, wandelde, aanwezig in stilte.
De wereld begon haar niet te begrijpen, maar te observeren. En dat was genoeg.

Rosa voelde de verschuiving het eerst.
Ze merkte dat gesprekken niet meer zo soepel verliepen. Dat mensen minder lachten om haar anekdotes. Dat Fabio korteraf werd, defensiever.

Voor het eerst in jaren voelde ze iets wat ze niet kon verbergen achter charme: angst.

In haar droom die nacht stond ze in een kamer vol spiegels. Overal zag ze haar eigen gezicht, maar geen van de spiegels toonde dezelfde uitdrukking. Eén glimlachte, één huilde, één keek kil terug. Toen ze dichterbij kwam, brak de spiegel met het glimlachende gezicht in tweeën.

Ze werd zwetend wakker.
En ergens wist ze: de super empaat was niet verslagen.
Ze was aan het ontwaken.

# De Barsten in het Masker

De wereld van Rosa begon stilletjes te kraken. Niet met luide breuken, maar met het zachte, onheilspellende geluid van iets dat langzaam uit elkaar valt. Ze voelde het eerst in de manier waarop mensen haar aankeken, een fractie te lang, een blik die niet meer vanzelfsprekend vertrouwde. De gesprekken die ooit soepel vloeiden, begonnen stroever te worden. Waar ze vroeger bewondering oogstte, proefde ze nu iets anders: afstand.

Lina, haar vroegere collega en een van haar trouwste flying monkeys, was plots terughoudend. Ze kwam niet meer spontaan langs, reageerde niet meer op berichten met de gebruikelijke uitbundigheid. Tijdens een toevallige ontmoeting in de supermarkt had Rosa geprobeerd het oude ritueel van charme te hervatten. Maar toen ze een grap maakte over 'mensen die overdrijven om aandacht te krijgen', lachte Lina niet. Ze keek alleen, stil, alsof ze iets doorzag wat ze eerder niet had gezien.

Die blik achtervolgde Rosa.

Ze wist dat iets aan het glippen was, maar ze kon het niet benoemen.

In haar binnenwereld probeerde ze het te rationaliseren: Mensen zijn jaloers. Mensen begrijpen me niet. Ik ben te diep, te gevoelig.

Maar diep vanbinnen, in dat kleine, benauwde deel van haar psyche dat ze haar hele leven had genegeerd, begon een fluistering: Misschien is het niet de wereld die verandert, maar jij.

Die gedachte sloeg ze snel neer, zoals ze altijd had gedaan. Ze kleedde zich zorgvuldig, glimlachte met precisie, sprak met beheersing. Maar de spanning begon te lekken in haar stem, haar ogen, haar gebaren. De maskers die ooit naadloos pasten, begonnen haar te wurgen.

Fabio voelde het op een andere manier.

Zijn positie als “de gouden prins”, charmant, competent, bewonderd, stond onder druk. Waar Rosa in sociale subtiliteit uitblonk, was Fabio’s kracht zijn vermogen om indruk te maken. Maar indruk maken vraagt publiek. En zijn publiek begon zich terug te trekken.

Zijn zus, Miranda, had hem maanden genegeerd, maar stuurde plots een kort bericht:

“Je kunt mensen niet blijven gebruiken en verwachten dat ze blijven glimlachen.”

Hij las het meerdere keren, boos, maar vooral verward. In zijn hoofd vormde zich onmiddellijk de verdedigingslinie: Zij is altijd negatief geweest. Altijd jaloers. Altijd het slachtoffer.

Toch voelde hij iets prikken, diep in zijn borst, een ongemakkelijk rest gevoel dat geen woorden had.

Zijn moeder, de verborgen narcist die hem groot had gemaakt in haar beeld, begon ongeduldig te worden. “Je verliest je kracht, Fabio,” zei ze op een dag, terwijl ze haar koffie roerde. “Mensen zien niet meer wat jij ze moet laten zien.”

Hij keek haar aan, zoekend naar bevestiging, maar zag in haar ogen slechts kilte. Geen liefde, geen empathie, enkel berekening.

En voor het eerst besefte hij dat ze hem nooit als zoon had gezien, maar als verlengstuk. Een pronkstuk dat zijn glans verloor.

Die avond zat hij alleen, met een glas wijn dat hij nauwelijks proefde. Zijn gedachten dwaalden af naar Remco, de super empaat die hij had proberen te breken. Remco’s woorden kwamen terug, kalm en scherp als glas:

“Je kunt mensen niet bezitten door hun pijn te controleren.”

Toen had Fabio gelachen, vol minachting.

Nu voelde hij die zin als een echo in zijn schedel.

In de dagen die volgden, begonnen Rosa en Fabio elkaar vaker op te zoeken. Niet uit liefde, maar uit noodzaak. Twee maskers die steun zochten bij elkaar omdat ze zonder publiek niets waren.

Hun gesprekken waren een mengeling van verwijten en wederzijdse geruststelling.

"Ze haten me allemaal," zei Rosa. "Ze begrijpen niet hoeveel ik voor hen heb gedaan."

"Ze zijn ondankbaar," antwoordde Fabio. "Ze draaien de rollen om. Jij bent de goede."

"Wij zijn de goeden," verbeterde ze hem.

Ze keken elkaar aan, een moment van schijnbare verbondenheid. Maar wat ze zagen, was slechts hun eigen reflectie in de ogen van de ander. Geen empathie. Geen liefde. Alleen angst.

De lucht in de kamer was dik van spanning.

Rosa stak een sigaret op, Fabio schonk nog een glas in. Hun maskers kraakten hoorbaar tussen de woorden.

En ergens, buiten die kamer, in stilte, begon de waarheid zich te vormen.

Jonas had met Mila gesproken. Mila had een bericht doorgestuurd naar iemand die ooit door Rosa was gemanipuleerd. De verhalen begonnen samen te vallen. De tegenstrijdigheden vielen op hun plaats.

De cirkel van illusie die Rosa en Fabio hadden geweven, begon langzaam te rafelen.

Die nacht droomde Fabio dat hij in een theater stond, met een lege zaal voor zich. De lichten schenen fel op zijn gezicht, maar er kwam geen applaus. Alleen stilte.

Rosa zat naast hem, geschminkt, glimlachend, maar haar ogen waren zwart.

# De Waarheid Die Niet Meer Te Stuiten Is

De stilte voor de storm duurde langer dan iemand had verwacht.

Maanden waren voorbijgegaan sinds de eerste scheuren in Rosa's en Fabio's façade zichtbaar werden. Aan de buitenkant leken ze nog overeind, glimlachend, functionerend, charmant. Maar wie dichterbij keek, zag het onvermogen om écht nog verbinding te maken. De glans was dof geworden. Hun woorden klonken geoefend, hun emoties gerepeteerd.

De super empaat had intussen gekozen voor rust. Geen strijd, geen wraak, geen verdediging. Ze wist: de waarheid heeft haar eigen ritme, en dat ritme is trager, maar betrouwbaarder dan de chaos van een narcist.

Ze werkte, leefde, herstelde. Ze sprak met Jonas, met Mila, en met Rafael, niet over Rosa of Fabio, maar over heling, bewustzijn, en de stille kracht van afstand.

Toch gonsde er iets in de lucht.

Een nieuwe energie, als een golf die zich opbouwt ver van de kust.

Wat begon met fluisteringen van twijfel, groeide uit tot gesprekken, en gesprekken werden tot herkenning. Mensen begonnen elkaar op te zoeken en verhalen te vergelijken. En in die gedeelde herkenning ontstond iets dat Rosa en Fabio niet hadden voorzien: collectieve helderheid.

Het begon met een bijeenkomst op het werk, waar Rosa onverwacht werd aangesproken door een collega.

“Rosa,” zei hij kalm, “ik heb iets gehoord wat niet klopt. Jij zei dat Lisa een burn-out had door haar eigen fouten, maar ik heb haar dossier gezien. Het was intimidatie.”

Rosa bevroor. De woorden kwamen niet door.

“Wie heeft dat gezegd?” vroeg ze uiteindelijk, op de bekende toon van verontwaardigde onschuld.

De collega keek haar aan, zonder vijandigheid, maar ook zonder angst.

“Jij.

Er viel een stilte die alles zei.

Ze lachte geforceerd, zei dat mensen haar woorden verkeerd begrepen hadden. Maar het was te laat, het moment had zich al in ieders bewustzijn geprent.

Een dag later verloor Fabio zijn project bij de stichting waar hij werkte. Zijn charmante praatjes werkten niet meer. Iemand had met Remco gesproken, en dat gesprek was rondgegaan in de wandelgangen.

De façade van betrouwbaarheid brokkelde af, niet door directe aanval, maar door het wegvallen van geloof. En geloof, wist de super empaat, is het cement van elke narcistische constructie.

Toen de gordijnen dicht gingen, besefte hij: niemand keek meer.

Langzaam begon het domino-effect.

De flying monkeys, ooit de trouwste verdedigers, trokken zich terug, stil, beschaamd, zoekend naar afstand.

Lina verwijderde oude berichten, Thomas verwijderde posts, Evy bleef weken onbereikbaar.

Ze voelden allemaal hetzelfde: dat ze mee hadden gespeeld in iets wat niet zuiver was.

Rosa en Fabio merkten het. Ze belden elkaar vaker, maar hun gesprekken werden korter. Waar vroeger samenzwering klonk, was nu irritatie.

“Ze keren zich tegen ons,” zei Rosa.

“Ze zijn zwak,” beet Fabio terug.

“Ze laten zich manipuleren.”

“Zoals altijd.”

Maar zelfs terwijl ze spraken, klonk er iets onuitgesproken door: ze wisten dat dit niet meer te redden was.

De super empaat kreeg diezelfde week een bericht van iemand die ze niet verwacht had.

Het was van Evy.

“Ik denk dat ik nu begrijp wat er echt is gebeurd,” schreef ze. “Ik ben deel van iets geweest dat mensen pijn deed. Het spijt me.”

De super empaat las het langzaam, ademde diep in, en glimlachte zacht.

Ze voelde geen triomf. Alleen rust.

Niet omdat ze ‘gewonnen’ had, maar omdat de waarheid eindelijk vrij ademde.

Die avond liep ze langs het water.

De lucht was koel, en de stad sliep.

Ze dacht aan Rosa, aan Fabio, aan hun families, aan hoe narcisme zich als een erfelijke echo herhaalde van generatie op generatie. En ze dacht aan Samuel, die ooit tegen haar had gezegd:

"Je hoeft niemand te vernietigen. Hun eigen leugens doen dat werk voor jou.

Ze keek naar haar reflectie in het donkere water.

En voor het eerst in maanden zag ze geen verwarring meer, geen pijn, geen wantrouwen.

Alleen zichzelf.

Rosa zat diezelfde avond op haar bank, starend naar haar telefoon. De wereld leek stil, maar in haar hoofd gonsde het. Ze scrolde door berichten, door oude foto's, door commentaren die ooit bewondering hadden uitgestraald. Nu leken ze hol.

Ze dacht aan haar vader, Henry, de openlijke narcist, en hoorde zijn stem in haar hoofd:

“Als ze niet meer luisteren, verhoog je de toon.”

Ze glimlachte even.

Maar toen ze haar telefoon liet zakken, voelde ze iets wat ze nooit eerder had gevoeld: leegte.

Fabio dronk in stilte. Zijn moeder had hem die dag niet gebeld.

Voor het eerst in zijn leven was er niemand die hem vertelde wie hij moest zijn.

En in die stilte klonk zijn eigen stem vreemd, klein, verloren.

De waarheid had geen applaus gekregen.

Er was geen confrontatie, geen publiekelijke onthulling.

Maar de leugen was dood, en dat was genoeg.

# De Echte Supernova

Er komt een moment waarop stilte geen bescherming meer is, maar een vorm van medeplichtigheid.

De super empaat had dat moment voelen naderen. Niet uit woede, maar uit helderheid. De waarheid was niet langer iets dat ze binnen hield om de vrede te bewaren, het was iets dat naar buiten wilde, natuurlijk, onafwendbaar.

Ze had lang genoeg gezwegen.

Niet uit angst, maar uit wijsheid.

Maar nu wist ze: sommige waarheden moeten klinken, anders herhaalt de cyclus zich eindeloos.

Die avond organiseerde Jonas een bijeenkomst in het centrum, een open gesprek over psychologisch misbruik, empathie, en herstel. De super empaat had getwijfeld of ze zou spreken. Maar toen ze daar zat, tussen mensen die hongerig waren naar begrip, voelde ze het: dit was haar moment. Niet om te wijzen, maar om te verlichten.

Toen ze opstond, viel de zaal stil.

Ze sprak rustig, zonder pathos, zonder verweer.

“Er zijn mensen,” begon ze, “die anderen breken, niet met woorden die luid zijn, maar met de stiltes ertussen. Ze gebruiken empathie als een zwakte, vertrouwen als een ingang, liefde als een wapen. Ze gedragen zich niet als monsters, ze glimlachen, ze luisteren, ze lijken menselijk. Maar wat ze doen, is ontmenselijken.”

De zaal luisterde ademloos.

Ze vertelde niet over Rosa of Fabio bij naam, maar iedereen die ooit met een narcist had geleefd, herkende de patronen.

“Ze maken je verantwoordelijk voor hun leegte,” vervolgde ze. “En als je dat eenmaal gelooft, draag je hun pijn alsof het je eigen is. Totdat je breekt.”

Ze keek even naar beneden, haar handen rustend op de tafel.

“Maar wat zij vergeten,” zei ze zacht, “is dat je een mens niet echt kunt breken. Je kunt hem laten wankelen, verliezen, twijfelen, maar wat zuiver is, keert terug. En als het terugkeert, is het sterker. Dat moment noem ik de supernova: wanneer empathie niet meer bang is voor haar eigen kracht.”

Een stilte volgde.

Geen ongemakkelijke stilte, maar één die voelde als een collectieve inademing.

Een vrouw op de tweede rij begon te huilen. Iemand anders knikte. Jonas sloot even zijn ogen.

Op datzelfde moment, ver weg van die zaal, zaten Rosa en Fabio elk in hun eigen wereld van chaos.

Rosa had gehoord dat er een bijeenkomst was geweest. Iemand had haar getagd in een bericht, niets beschuldigends, maar iets wat haar onmiddellijk deed beven.

Fabio kreeg een telefoontje van een oude kennis die zei: “Misschien moet je eens luisteren wat er vanavond is gezegd.”

Ze luisterden niet. Ze konden niet.

Hun lichamen reageerden met een oude reflex, ontkenning, verdediging, woede.

Maar iets in hen wist dat dit geen aanval meer was.

Het was iets veel erger voor hen: onverschrokken waarheid.

De dagen daarna begonnen de effecten zichtbaar te worden.

Niet als een explosie, maar als licht dat zich langzaam verspreidde door donkere kamers.

Mensen begonnen openlijk te praten over wat ze hadden meegemaakt.

Lina schreef een blog over emotionele manipulatie. Thomas bood publiekelijk zijn excuses aan aan de super empaat. Evy begon vrijwilligerswerk te doen bij een herstelgroep.

Het licht werkte als een spiegel: ieder die er eerlijk in keek, zag zijn eigen schaduw, maar ook zijn potentieel om te helen.

De super empaat schreef later in haar dagboek:

De supernova vernietigt niets. Ze onthult. En wat niet echt is, verbrandt vanzelf.

Rosa verloor haar baan. Niet door een schandaal, maar door verlies van vertrouwen.

Fabio vertrok naar een andere stad, zogenaamd voor een nieuwe start.

Maar waar ze ook gingen, hun oude verhalen volgden hen niet meer. Ze stierven in stilte, zonder publiek.

De super empaat, daarentegen, leefde niet in triomf maar in vrede.

Ze wist dat dit niet het einde was, maar een cyclus die altijd ergens opnieuw begint, bij een ander, in een andere vorm.

Maar nu wist ze ook dat er licht is dat zelfs de slimste schaduw niet kan nabootsen.

Ze keek naar de horizon, terwijl de eerste ochtendzon doorbrak.

“Supernova,” fluisterde ze.

Niet als overwinning, maar als erkenning.

# De Echo van de Laster

De dagen na de confrontatie voelden als lopen door mist. Niet de gewone mist die je huid koud maakt, maar eentje die doordrenkt is van fluisteringen, woorden die geen lucht nodig hebben om te blijven hangen. Overal waar hij kwam, voelde hij blikken. Sommige kort en afgewend, anderen recht in zijn ziel priemend, zoekend naar iets wat er niet was.

Rosa's lastercampagne was niet zomaar een aanval, het was een zorgvuldig opgebouwde oorlog van perceptie. Fabio fungeerde als haar charmante bondgenoot, de man die alles met een glimlach vertelde. "Ik weet niet precies wat er gebeurd is, maar ik hoorde dat hij gevaarlijk is geworden," zei hij met een bijna oprechte bezorgdheid in zijn stem. Die laatste zin was de dolk, subtiel, maar dodelijk.

Op sociale media verschenen vage berichten. Geen namen, alleen insinuaties:

"Sommige mensen lijken empathisch, maar blijken manipulatief."

"Pas op voor wolven in schaapskleren."

De flying monkeys deden de rest. Mensen die Patrick ooit had geholpen, begonnen te twijfelen. Sommigen stuurden beleefde berichtjes, zogenaamd bezorgd. Anderen zwegen. Het meest pijnlijke was het zien van oude vrienden die haar berichten liketen, digitale handdrukken met verraad.

Toch bleef hij opmerkzaam. Hij wist wat er gebeurde, dit was een textbook narcissistic projection. Hij had het ontelbare keren gezien bij anderen. Maar nu was hij zelf het doelwit, en theorie werd werkelijkheid.

Tussen de chaos verschenen nieuwe gezichten. Lara, een jonge journaliste die gespecialiseerd was in psychologische manipulatie, kwam via een gezamenlijke kennis in contact met hem. Ze herkende de patronen onmiddellijk. “Ze gebruiken je naam om hun eigen verhaal te versterken,” zei ze rustig. “Als jij verdacht bent, lijken zij betrouwbaar. Het is een oude truc.”

Daarnaast was Noah, een oud-student van hem, nu therapeut in opleiding. Hij had het allemaal zien gebeuren en besloot naast hem te blijven staan. “Wat ze doen is smerig, maar transparant,” zei Noah. “Ze overspelen hun hand. Geef het tijd.”

Toch knaagde er iets in hem. Niet de angst om geloofd te worden, maar het besef hoe fragiel reputatie is in een wereld waar leugens sneller reizen dan de waarheid.

’s Nachts schreef hij in zijn notitieboek:

“De waarheid heeft geen haast. Ze ademt langzaam, maar ze sterft nooit.”

In stilte groeide iets nieuws in hem. Geen wrok, geen woede, maar scherpte. De super empaat in hem begon wakker te worden. Niet als slachtoffer, maar als getuige. Hij begon alles vast te leggen: namen, data, patronen. Elk gesprek, elk bericht. Niet om wraak te nemen, maar om het licht te laten schijnen op wat in de schaduw leefde.

De lastercampagne had iets onbedoelds losgemaakt, iets wat Rosa niet had voorzien.

Ze had een vuur willen doven, maar ze had de verkeerde vonk aangeraakt.

# De Stilte na de Storm Deel 2

De stilte kwam niet in één keer. Ze sijpelde binnen, langzaam, als water dat onder een deur door kruipt. Eerst verdwenen de telefoontjes. Toen de uitnodigingen. En daarna de mensen zelf.

Hij liep door dezelfde straten, maar de stad voelde anders. Bekenden die hij groette, antwoordden met een vluchtig knikje, alsof ze niet zeker wisten of ze hem mochten herkennen. In de supermarkt hoorde hij zijn naam fluisteren, zacht, maar net hard genoeg om te weten dat het over hem ging.

De lastercampagne had zijn doel bereikt: isolatie. Niet fysiek, maar psychologisch. De wereld had zich een stukje verder teruggetrokken, en wat overbleef was een echo van vroeger.

’s Nachts, in de duisternis van zijn kamer, kwamen de gedachten als golven. Niet de destructieve zelftwijfel van vroeger, die had hij inmiddels leren doorzien, maar een dieper verdriet. Verdriet over hoe makkelijk waarheid verdampt wanneer iemand het narratief overneemt.

Hij schreef:

“Wanneer een leugen vaak genoeg wordt herhaald, wordt het een echo. En in die echo verliezen mensen hun moreel kompas.”

Toch was er iets dat niet kapot kon, zijn bewustzijn. Dat stille weten dat hij doorzag wat er gebeurde. Dat hij het niet hoefde te bewijzen aan wie niet wilde zien.

Lara bleef in de tussentijd onderzoek doen. Ze had contact opgenomen met anderen die door Rosa en Fabio waren beschadigd. Het bleek een patroon te zijn, verschillende mensen, dezelfde strategie. “Het wordt tijd dat dit naar buiten komt,” zei ze. “Maar we doen het zorgvuldig. Feiten, geen emoties.”

Noah, die hem geregeld opzocht, hielp hem de emotionele schade te verwerken. “Ze hebben geprobeerd je van je kern te scheiden,” zei hij tijdens een wandeling. “Maar dat is wat ze altijd doen. Het is hoe ze controle houden. De kunst is om te blijven voelen zonder te verdrinken.”

Patrick zweeg even en keek naar de lucht, die zich langzaam kleurde in tinten van amber.
“Misschien is dit wat nodig was,” zei hij zacht. “Om te zien wie overblijft als alles instort.”

De dagen daarna begon hij te schrijven aan iets nieuws. Geen verdediging, geen aanklacht, maar een getuigenis. Over hoe destructie zich vermomt als zorg, hoe laster zich kleedt in bezorgdheid, en hoe empathie uiteindelijk het enige wapen blijft dat niet te corrumperen is.

Langzaam herstelde zijn energie. Zijn geest was nog niet helder, maar hij voelde een nieuwe vorm van kracht, kalm, gefocust, en onbreekbaar.

Hij wist dat Rosa en Fabio dachten dat hij verslagen was. Dat was hun misrekening. Want wat ze niet begrepen, was dat uit de stilte de super empaat geboren wordt.

Niet uit wraak, maar uit bewustzijn.

# De Ontwaking van de Super empaat

De dagen werden rustiger, maar de stilte voelde niet langer leeg. Ze was gevuld met inzicht. Het was alsof Patrick een nieuwe frequentie had leren horen – niet het lawaai van angst of controle, maar het subtiele ritme van waarheid. Hij begon weer vroeg op te staan, met een kop koffie en een notitieboek, waarin hij zijn gedachten liet stromen. Niet om te begrijpen, maar om te bevrijden.

“De empathie die je ooit verlamde,” schreef hij, “wordt je kracht wanneer je haar leert richten. De pijn dic ze jou gaven, is het bewijs van je capaciteit om te voelen. En wie diep kan voelen, kan diep helen.”

Zijn woorden vloeiden niet uit wraak, maar uit helderheid. Elke zin was een spiegel die hij terugkaatste naar de werkelijkheid. En langzaam begon die werkelijkheid te veranderen. Lara merkte het als eerste.

“Je energie is anders,” zei ze. “Je straalt rust uit, zelfs als je over de donkerste stukken praat.”

Hij glimlachte. “Omdat ik ze nu kan zien zonder erin te verdrinken. Ze zijn niet meer groter dan ik.”

Ondertussen bereidde Lara de publicatie van hun onderzoeksdossier voor. Bewijs, getuigenissen, data – geen haat, enkel waarheid. Ze zou niet schrijven over monsters, maar over patronen. Over hoe charmante gezichten schade kunnen toebrengen zonder ooit hun stem te verheffen.

De dag dat het dossier online ging, was er geen donderslag, geen sensatie. Alleen een serene stilte – het soort stilte dat voorafgaat aan verandering.

Rosa zat thuis, scrollend door haar telefoon. De namen, de data, de beschrijvingen – alles herkende ze. Ze voelde haar maag samentrekken. Voor het eerst in jaren kon ze haar hartslag horen. Fabio, aan de andere kant van de stad, kreeg een melding op zijn scherm. Hij las de titel en lachte even spottend, maar zijn hand trilde.

Hun maskers begonnen te scheuren. Niet omdat iemand hen aanviel, maar omdat de waarheid hun zorgvuldig gecreëerde beeld niet langer droeg.

Patrick voelde geen triomf, alleen ruimte. Hij besefte dat de super empaat niet degene is die strijdt, maar degene die durft te zien. Die durft te voelen zonder te breken.

’s Avonds zat hij met Lara in het park. De lucht was koel, de lantaarns zacht. “Denk je dat ze ooit zullen begrijpen wat ze hebben gedaan?” vroeg ze.

Hij keek even naar de sterren. “Nee,” zei hij. “Maar dat is niet meer mijn verantwoordelijkheid. Mijn taak was niet om hen te veranderen, maar om niet door hen veranderd te worden.”

Er viel een lange stilte, maar het was geen pijnlijke. Het was een stilte die ademde. Een die hoorde bij het einde van een hoofdstuk – en het begin van iets groters.

De super empaat was ontwaakt. En met dat ontwaken keerde de balans terug. Niet door strijd, maar door bewustzijn.

# De Les van Ervaring

Patrick zat achter zijn bureau, omringd door boeken, notities en het zachte gezoem van een oude ventilator. Psychologie had hem geleerd over patronen, persoonlijkheden, diagnoses, manipulatie, en empathie. Toch voelde hij zich leeg. Niet door gebrek aan kennis, maar door het besef dat theorie geen bescherming biedt tegen de realiteit.

Het was één ervaring, één confrontatie, die hem werkelijk de ogen had geopend. Niet zijn studie, niet de essays of experimenten, maar het meemaken, het in levende lijve onder ogen zien van verborgen narcisme, had hem veranderd. Hij voelde iets wat boeken hem nooit hadden kunnen geven: het gewicht van de subtiliteit van misleiding, het ongemak van manipulatie die bijna onzichtbaar is.

Hij dacht aan Eva, een vriendin van wie hij altijd had geloofd dat ze betrouwbaar en empathisch was.

Jarenlang had hij haar vertrouwd, advies gevraagd, verhalen gedeeld. Pas nu, na alles wat hij had meegemaakt, drong het tot hem door: hij had twaalf jaar lang een narcist gekend. Niet als een vermoeden, maar in pure werkelijkheid. De waarheid sloeg in als een koude wind, en hij voelde een mengeling van woede, verdriet en verwondering.

“Al die gesprekken, al die momenten… ik zag het niet,” fluisterde hij in de lege kamer. “En nu… nu zie ik alles.”

Diezelfde avond begon hij iets nieuws. Een klein apparaatje, een microfoon, lag voor hem op tafel. Zonder plan, zonder doel, sprak hij in een stroom van woorden over wat hij had ervaren: de patronen, de manipulaties, de emoties, de herkenning. Het was geen professionele opname, geen script, slechts het uitspreken van waarheid die zich opdrong.

De volgende dag luisterde hij naar de opname en voelde een lichte opluchting. Het had hem verlicht, het had hem geholpen te ordenen wat chaos leek. En zonder er veel bij na te denken, uploadde hij het naar YouTube.

Dag na dag herhaalde hij dit ritueel. Iedere avond nam hij een korte audio op, sprak over narcisme, over de observaties van Rosa, Fabio, Henry, en zijn eigen ervaringen. Hij besprak de psychologische technieken, de subtiele manipulaties, de impact op slachtoffers. Hij deed dit niet met de intentie van een carrière, niet voor volgers of roem. Hij deed het voor zichzelf, voor zijn eigen verwerking en begrip.

Langzaam groeide een publiek, maar dat merkte hij nauwelijks. Het was geen doel, slechts een bijeffect van zijn noodzaak om te spreken. Zijn studie psychologie stond nog steeds in de kast, netjes geordend, maar nu op de tweede plaats. Ervaring, leven, overleven, dat stond op één.

Hij glimlachte even bij de gedachte: wat hij had geleerd in boeken was een begin, maar de echte les had het leven hem gegeven. Zijn theorieën waren nuttig, maar de praktijk, de confrontatie met verborgen narcisme, was onmisbaar.

Die nacht keek hij naar zijn scherm, naar de playlist van opnames die nu langzaam groeide. Hij voelde een mengeling van verwondering en voldoening. Dit was geen project, geen carrière, geen ambitie. Dit was waarheid in actie.

En ergens wist hij dat dit pas het begin was.

# De Stem die Weerklank Vindt

Patrick zat met een kop thee in zijn hand, het zachte licht van de schemerlamp weerkaatste op het scherm van zijn laptop. Voor hem stond de afspeellijst van zijn recente audio-opnames. Elke dag had hij gesproken, vaak spontaan, soms nog zoekend naar de juiste woorden. Maar iets begon te veranderen.

De eerste reacties kwamen langzaam. Een korte reactie onder een video, een dankbaar bericht via privébericht, een mailtje van iemand die zich herkende in zijn verhalen. Ze spraken over herkenning, verlichting, het gevoel dat iemand eindelijk zag wat ze zelf jarenlang niet konden benoemen.

“Ik dacht dat ik gek was,” schreef iemand. “Maar door jouw uitleg begrijp ik dat ik niet de fout was.”

Die woorden raakten hem dieper dan hij had verwacht. Het besef dat zijn ervaring niet alleen hemzelf had veranderd, maar ook anderen hielp, voelde intens en onverwacht. Niet omdat hij iets bereikt had, maar omdat empathie in actie iets krachtigs losmaakt, iets dat theorie nooit kan.

Hij begon onbewust te experimenteren met de vorm. Niet langer slechts een opname, maar een mini-podcast, elke dag een korte aflevering waarin hij observaties, verhalen en inzichten deelde. Hij sprak over Rosa en Fabio, niet met wraak in zijn stem, maar met helderheid en analyse. Hij benadrukte patronen, signalen, en vooral: het effect op slachtoffers.

Soms kwam hij terug op persoonlijke ervaringen, zoals zijn vriendschap met Eva, de narcist die hij pas twaalf jaar later herkende. Het was een verhaal van pijn, verwarring, en uiteindelijk inzicht. Elke keer als hij sprak, voelde hij hoe de woorden zichzelf ordenden, hoe chaos vorm kreeg, en hoe begrip ontstond, zowel bij hemzelf als bij zijn luisteraars.

De eerste keer dat hij een bericht ontving van iemand die zei dat ze dankzij zijn audio's stappen had durven zetten, voelde hij iets wat hij nooit eerder had ervaren: dat zijn stem, klein en onopvallend begonnen, daadwerkelijk een verschil maakte.

Hij realiseerde zich iets belangrijks: zijn studie psychologie had hem veel kennis gegeven, maar het leven, het meemaken van narcisme, het doorleven van manipulatie en verraad, had hem werkelijk de ogen geopend. Ervaring stond nu boven theorie. Zijn studie diende als fundament, maar zijn levenservaring was de architect die het gebouw had gevormd.

Terwijl hij dat besefte, voelde hij een nieuw soort rust. De chaos van de afgelopen maanden begon betekenis te krijgen. Elk moment van verwarring, elke confrontatie, elk stil observeren, het had hem voorbereid op dit. Op deze stem die weerklank vond.

En in dat moment, kijkend naar de reacties van luisteraars die hij nooit eerder had ontmoet, wist Patrick dat zijn reis nog maar net begonnen was.

# Het Kraakvlak van Maskers

Rosa stond bij het raam van haar appartement en keek uit over de stad. Het leek alsof alles nog hetzelfde was, maar de stilte voelde zwaar. De laatste weken hadden haar onrustig gemaakt, hoewel ze zich niet kon verklaren waarom. Haar zorgvuldig opgebouwde façade van charme en controle begon te barsten, net zo subtiel en onontkoombaar als water dat zich een weg baant door steen.

Fabio zat op zijn bank, zijn laptop geopend, het scherm gevuld met notificaties die hij eerder als irrelevant had beschouwd. Vandaag echter voelde het anders. Elk bericht, elke opmerking, leek hem aan te kijken, te testen. Het was alsof de wereld plotseling begon terug te spreken. En ergens tussen de regels, voelde hij een stem die zijn eigen constructies van macht en bedrog ontmantelde, een stem die hij herkende, maar niet kon plaatsen.

De audio's van Patrick circuleerden nu stilletjes in hun netwerk. Eerst slechts één, later een reeks, elke dag nieuwe observaties over narcisme, patronen van manipulatie, en vooral: de onzichtbare impact op slachtoffers. Rosa en Fabio merkten dat mensen zich terugtrokken, vragen begonnen te stellen, onzeker werden over wat ze ooit zonder nadenken hadden geloofd. De vertrouwde bewonderaars, hun eigen flying monkeys, begonnen te haperen.

Rosa voelde een vreemd soort paniek opkomen, niet door directe confrontatie, maar door het ongrijpbare effect van waarheid. Ze probeerde haar glimlach, haar woorden, haar charmante manipulatie, maar iets hield tegen. Mensen leken zich anders te gedragen, afstandelijker, behoedzamer. Het voelde als een experiment waarvan zij zelf niet de controle had.

Fabio probeerde haar gerust te stellen, maar zijn stem klonk hol. "Het is niets," zei hij, terwijl hij zichzelf overtuigde. "Het is gewoon toeval."

Maar ook hij voelde het: de grond onder hun voeten begon te verschuiven. En hoe harder hij probeerde te verklaren, hoe duidelijker het werd dat zijn verklaringen niet langer de werkelijkheid bepaalden.

Diezelfde avond kreeg Rosa een bericht van een oude collega. Het was kort, neutraal, maar scherp in implicatie:

"Ik luister naar iets dat ik vanavond hoorde… het deed me nadenken over de situaties die we hebben meegemaakt."

Haar hart sloeg over. Ze wist dat dit niet zomaar een bericht was. Het was een eerste steen in een muur die langzaam tegen haar oprijst. Fabio voelde iets gelijkaardigs toen hij een telefoontje ontving van een cliënt die plotseling afstand nam, een stilte waarin zoveel werd gezegd dat woorden tekortschoten.

Ze keken elkaar aan, beiden in hun eigen afzondering, beiden wetend dat iets veranderde dat ze niet konden beheersen. Niet door macht, niet door charme, niet door oude patronen. Het was een kracht die stiller was dan hun lawaaierige strategieën, maar sterker dan al hun manipulatie samen.

En ergens, in die stilte die hen omsloot, begon de realisatie door te dringen: de maskers die hen jarenlang hadden beschermd, waren niet onbreekbaar.

Ze kraakten.

Langzaam, onvermijdelijk, en met een precisie die hen beide verbijsterde.

Het was geen wraak. Het was niet een confrontatie.

Het was waarheid.

En die waarheid was nu niet langer te negeren.

# De Afbrokkeling

Rosa zat in de auto, haar handen strak om het stuur geklemd. Buiten de ramen glommen de lichten van de stad, maar binnen voelde het koud en stil. Fabio was naast haar, zijn blik op oneindig gericht, zijn mond gesloten. Al weken leefden ze samen, maar toch afzonderlijk, gevangen in een ritueel van subtiele strijd en verborgen verwijten.

Ze wisten allebei dat iets was verschoven. Niet in woorden, maar in energie. Dezelfde charmante manipulatie die hen ooit bond, werkte nu averechts. Rosa probeerde haar gebruikelijke strategie: zachte stemmen, glimlachen die warmte moesten suggereren, kleine gunsten. Maar Fabio reageerde niet. Hij had haar signalen leren lezen, hij kende de patronen, en hij negeerde ze.

Fabio, aan de andere kant, had zijn eigen tactieken: terugtrekking, stilte, het subtiel aanwakkeren van twijfel. Rosa voelde de spanning, maar haar gebruikelijke methoden faalden. Elke poging om hem te controleren stuitte op een muur van koud begrip.

Ze waren beide meesters in het manipuleren van anderen, maar tegenover elkaar was het spel veranderd. Het was geen strijd van woorden, maar van observatie, van subtiele tests, van wie de ander het eerst zou doorzien.

Die avond, tijdens een etentje dat zij voor hun vrienden organiseerden, brak de stilte. Fabio sprak eerst, bijna onmerkbaar, maar met precisie:

"Rosa… we functioneren niet zoals vroeger. Wat we hebben gecreëerd… het werkt niet meer. We trekken elkaar niet vooruit, we houden elkaar alleen vast."

Rosa slikte. Ze voelde een brandende woede, maar ook iets wat ze zelden voelde: een erkenning van de realiteit. Haar ogen zagen Fabio zoals hij echt was, niet zoals ze hem had gevormd of gereflecteerd in haar eigen strategie.

“Dus… dit is het dan?” vroeg ze, haar stem scherp, maar zonder dramatiek.

“Ja,” zei hij. “We zijn niet langer bondgenoten, en dat was de illusie die we beiden in stand hielden.”

Ze keken elkaar aan, geen woorden nodig om te begrijpen wat was gebeurd. Jaren van manipulatie, charme, strategie, alles wat hen had samengehouden, stortte langzaam in. Ze zagen hun eigen patronen terug in elkaars ogen. De erkenning was pijnlijk, maar helder: zc konden elkaar niet langer gebruiken om hun eigen leegte te vullen.

Die nacht gingen ze elk hun eigen weg. Rosa pakte haar spullen, haar zorgvuldig opgebouwde netwerken, haar dagelijkse routines. Fabio keerde terug naar zijn appartement, zijn lijstjes, zijn projecten, zijn zelfgemaakte structuren. Ze waren nog steeds dezelfde mensen, maar de dynamiek die hen samen bond, bestond niet meer.

De scheiding was geen explosie, geen grote confrontatie. Het was een stille afbrokkeling, langzaam en onvermijdelijk, zoals gesteente dat door tijd en water uiteenvliegt. Hun respect voor elkaars kracht was er nog steeds, maar het besef dat ze elkaar niet langer konden beheersen of vormen, had de ruimte tussen hen geopend.

En ergens, diep van binnen, voelde elk van hen een mengeling van opluchting en verlies. Ze waren vrij, maar slechts door het verlies van wat hen ooit zo scherp had gevormd.

De scheiding markeerde het begin van het einde van hun gezamenlijke façade. Hun maskers bleven nog even bestaan in de ogen van de buitenwereld, maar privé, in stilte, waren ze uit elkaar gevallen.

De dynamiek van controle, charme, en manipulatie, hun grootste wapens, waren nu gereflecteerd in de leegte tussen hen. En voor het eerst sinds jaren wisten ze: zonder elkaar waren ze beiden kwetsbaar.

# Het Echo-effect

Het was een doordeweekse middag toen Rosa voor het eerst hoorde van Patrick's podcast. Ze zat in haar oude studeerkamer, tussen zorgvuldig geordende boeken en notities, toen een e-mail haar aandacht trok: een vriend had een link gestuurd, zogenaamd als advies. Zonder veel nadenken klikte ze.

De stem die uit de luidspreker kwam, was kalm, analytisch, maar doordrenkt van ervaring. Patrick sprak over patronen van verborgen narcisme, subtiele manipulatie, en de impact ervan op slachtoffers. Rosa's hart sloeg over. Elke beschrijving voelde als een spiegel, een die ze probeerde weg te draaien, maar niet kon vermijden.

Fabio zat tegelijkertijd in een café, met zijn laptop voor zich geopend, en hoorde dezelfde stem. Zijn eerste reactie was ongeloof: een vreemde stem die de dynamiek ontmantelde die hij dacht volledig te beheersen. Elk woord leek zijn strategieën, zijn zorgvuldig opgebouwde façade, te doorzien. Hij voelde een zeldzaam gevoel: ongemak.

Beiden wisten dat dit niet zomaar een observatie was. Het was een blootlegging van de mechanismen die ze zelf jarenlang hadden ingezet. De stem van Patrick drong door tot hun kern, subtiel maar onontkoombaar.

Binnen enkele dagen waren ze beiden teruggekeerd naar hun ouderlijke huizen. Rosa verhuisde terug naar Henry, de openlijke narcist, terwijl Fabio zich installeerde bij zijn moeder. De terugkeer was niet warm, maar functioneel: een terugval in bekende patronen, oude routines, een omgeving die hun maskers ooit had versterkt.

Maar het effect van de podcast was overal merkbaar. Jolanda, Rosa's zus en decennialang de zondebok, had heimelijk geluisterd. Voor het eerst in haar leven voelde ze niet de druk om te buigen, niet de schuld die haar systematisch was opgelegd. De woorden van Patrick gaven haar bevestiging: zij was niet het probleem. Haar bewustzijn begon te groeien, een innerlijke kracht die ze nooit eerder had gevoeld.

Miranda, Fabio's zuster, volgde hetzelfde pad. Zij had altijd de schaduw van Fabio gedragen, de constante vergelijking, het gevoel dat ze tekortschiet. Nu, geconfronteerd met de inzichten van de podcast, begon ze te begrijpen hoe ze gemanipuleerd was geweest, hoe haar zelfbeeld was gevormd door de dynamiek van Fabio's verborgen narcisme. Haar kracht nam toe, stil maar resoluut, vastbesloten om zichzelf te bevrijden van de jarenlange druk.

Rosa en Fabio merkten niets van deze verandering in hun zussen, maar de veranderingen waren voelbaar in de dynamiek van hun omgeving. De zussen begonnen grenzen te stellen die voorheen onmogelijk leken. Subtiel, bijna onmerkbaar, maar vastberaden. Hun reacties waren niet meer voorspelbaar, hun kwetsbaarheid niet langer een instrument voor manipulatie.

Rosa probeerde haar charme, haar tactieken, haar zachte dreiging, maar Jolanda hield stand. Fabio probeerde zijn gebruikelijke terugtrekking en stille manipulatie, maar Miranda hield stand. De oude routines faalden. Het was een nieuwe realiteit: de mensen die ooit hun macht versterkten, begonnen onafhankelijk te handelen.

En terwijl Rosa en Fabio langzaam begonnen te begrijpen dat de stem van Patrick hen overal volgde, via audio, via inzichten die door hun netwerk circuleerden, voelde het alsof de muren die hen beschermden plotseling dunner werden. Het huis van hun ouders bood geen veilige haven meer, enkel een décor voor het besef dat de macht niet langer volledig bij hen lag.

De echo van de podcast werkte.

Niet als aanval, niet als confrontatie, maar als katalysator.

De zussen, Jolanda en Miranda, stonden sterker dan ooit tevoren. En Rosa en Fabio voelden voor het eerst de ongemakkelijke spanning van hun eigen kwetsbaarheid, een ongemak dat zich zou verdiepen in de komende weken.

# Groei en Verandering

Patrick stond in zijn studeerkamer, het zachte ochtendlicht viel op de stapels boeken die hij jarenlang had gekoesterd. Psychologie had hem kennis gegeven, theorieën en modellen die zijn denken structureerden. Maar het was de ervaring, het meemaken van narcisme, en nu zijn podcast die hem werkelijk had gevormd. Voor het eerst voelde hij hoe dankbaarheid en verantwoordelijkheid hand in hand konden gaan: hij had iets gecreëerd dat verder reikte dan zijn eigen leven.

Hij besefte dat hij uit zijn comfortzone was gestapt. De podcast was geen experiment meer, geen persoonlijke verwerking. Het was een middel geworden, een platform om anderen te helpen patronen van manipulatie en misleiding te herkennen. Elke aflevering bracht hem dieper in zijn eigen groei: hij voelde geen angst om te spreken, geen noodzaak om perfect te zijn, enkel een focus op helderheid en waarheid.

De reacties waren inmiddels niet langer klein. Mensen deelden hun verhalen, lieten weten hoe herkenning en begrip hen hielp hun eigen situatie te begrijpen. Patrick luisterde, reflecteerde, en voelde hoe zijn rol veranderde: niet langer enkel slachtoffer, niet alleen waarnemer, maar leider van een zachte, inzichtgevende beweging.

Ondertussen vonden de veranderingen in Rosa en Fabio's families plaats met een verrassende intensiteit. Jolanda, Rosa's zuster en decennialang zondebok, had zich volledig ontworsteld van de constante controle en schuldgevoelens die haar waren opgelegd. Haar blik was scherper, haar stem steviger. Ze begon grenzen te stellen tegen Rosa, zonder angst, en merkte dat elke poging van Rosa om te manipuleren nu stuitte op een muur van vastberadenheid.

Miranda, Fabio's zuster, ervoer iets vergelijkbaars. De jaren van vergelijken en subtiele vernederingen hadden haar kracht nog niet volledig ontkend, maar nu brak iets door. Ze sprak haar eigen mening uit, zonder de oude angst voor Fabio's reacties. Elk klein succes in haar autonomie versterkte haar zelfvertrouwen, en ze begon de patronen die haar broers gedrag hadden bepaald in te zien en te benoemen.

Rosa en Fabio merkten deze veranderingen, maar hun oude instrumenten faalden steeds vaker. Waar zij vroeger konden sturen, manipuleren, subtiel veroordelen, ontdekten ze nu dat hun zussen zich niet langer lieten leiden door angst of schuld. De controle die ooit vanzelfsprekend was, was aan het verdwijnen.

Patrick, aan de andere kant, voelde een groeiende verantwoordelijkheid. Elke nieuwe aflevering bracht hem verder uit zijn comfortzone: hij sprak nu ook over subtiele vormen van narcisme, over familiepatronen, en over de effecten op de zussen, slachtoffers die jarenlang stil waren gebleven. Zijn analyses waren scherp, maar altijd empathisch, gebaseerd op ervaring, niet alleen theorie.

Hij realiseerde zich dat zijn eigen lessen en zijn eigen groei niet enkel hemzelf dienden, maar anderen in staat stelden te ontwaken. Zijn podcast werd een katalysator:

een zachte, maar onverzettelijke kracht die langzaam de dynamieken van Rosa en Fabio's omgeving doorbrak.

Jolanda en Miranda voelden dit effect, ook al hadden ze Patrick nooit persoonlijk ontmoet. Zijn woorden gaven hen reflectie en moed. Jolanda begon oude relaties te herzien en verantwoordelijkheid te nemen voor haar eigen leven, los van Rosa's schaduw. Miranda deed hetzelfde: waar Fabio ooit haar keuzes had beïnvloed, begon zij nu haar eigen pad te bewandelen, assertief en onbevreesd.

Rosa en Fabio stonden alleen, hun oude bond verbroken, hun controle afgebroken door een combinatie van externe observatie en interne ontwaking van hun zussen. Het was een subtiel, maar meedogenloos proces: geen publieke confrontatie, geen dramatische explosie, enkel het stille besef dat hun wereld veranderde en dat ze deze keer niet langer de regie hadden.

Patrick sloot zijn laptop en leunde achterover. Hij voelde geen triomf, enkel diepe voldoening. Hij had zijn angst en zijn terughoudendheid overwonnen, en door dat te doen, had hij een beweging in gang gezet. Een beweging die niet alleen hemzelf, maar ook de slachtoffers, de zussen, en uiteindelijk de realiteit rondom Rosa en Fabio transformeerde.

Hij wist dat dit nog maar het begin was.

# Grenzen die Bevrijden

Jolanda zat in haar kamer, de late namiddagzon viel door het raam en verlichtte haar notities. Haar telefoon lag op stil, geen sociale media, geen constante meldingen. De afgelopen weken had ze geleerd dat woorden, charmante beloften en subtiele dreigingen niet langer iets betekenden. Patrick's podcast had haar de ogen geopend: ze zag Rosa's patronen, zag hoe manipulatie subtiel en doordringend was, en besefte dat elke poging tot confrontatie haar alleen maar leeg maakte.

Ze nam een diepe adem en schreef op: **"No Contact."** Niet uit wrok, niet uit haat, maar als een bewuste keuze voor haar eigen ziel. Geen telefoontjes, geen e-mails, geen sociale interacties met Rosa tenzij strikt noodzakelijk. Het was een beslissing om zichzelf te beschermen, om ruimte te creëren voor haar eigen groei.

Miranda volgde een parallel pad. Fabio had altijd haar keuzes beïnvloed, haar gevoelens bespeeld. Maar nu, gewapend met inzichten en steun van anderen, besloot ze hetzelfde toe te passen: No Contact gecombineerd met de Grey Rock methode. Wanneer Fabio haar toch probeerde te benaderen, reageerde ze minimaal, emotieloos, niet reagerend op manipulatieve hints of schuldgevoelens. Ze werd een spiegel van stilte, ondoorgrondelijk en onberoerd.

De eerste dagen waren zwaar. Het oude schuldgevoel trok aan Jolanda, Miranda voelde de oude angst opkomen. Maar naarmate de tijd verstreek, werd iets merkwaardigs duidelijk: elke niet-reactie, elke bewuste afstand, versterkte hun innerlijke rust. Het was alsof een gewicht werd weggenomen dat ze hun hele leven hadden gedragen.

Patrick had dit proces in zijn podcast uitgelegd: het vermijden van direct conflict en het minimaliseren van emotionele reacties zorgt ervoor dat narcisten hun controle verliezen. Zonder voeding, zonder reactie, zonder drama, verliezen ze hun kracht. Voor Jolanda en Miranda werkte dit als een spiegel én een schild.

Jolanda voelde hoe haar emoties niet langer werden gemanipuleerd door Rosa's charmante dreiging. Miranda ervoer eenzelfde bevrijding: Fabio's subtiele provocaties gleden langs haar heen, als water over steen. Het was een rust die ze nooit eerder hadden gekend, een autonomie die eindelijk tastbaar werd.

De Grey Rock methode, zo simpel in theorie, was in de praktijk transformerend. Geen strijd, geen drama, enkel stilte, vastberadenheid, en een bewustzijn van hun eigen waarde. Het was niet passiviteit, maar strategie. En deze strategie bood hen iets wat ze lang waren kwijtgeraakt: de mogelijkheid hun eigen levenspad te kiezen zonder constante beïnvloeding van Rosa of Fabio.

Voor beiden voelde dit als een bevrijding van hun ziel. Voor het eerst konden ze hun toekomst plannen op basis van hun eigen behoeften, dromen en waarden, niet op basis van de verwachtingen of manipulaties van hun familieleden.

De eerste keren dat ze elkaar ontmoetten, zonder de maskers van controle en schuld, was er enkel begrip. Een stille erkenning van de kracht die ze terugvonden. Het was de eerste stap naar een leven waarin ze niet langer slachtoffer waren, maar architecten van hun eigen keuzes.

Jolanda en Miranda lachten niet luid, maar hun ogen straalden iets wat Patrick in zijn podcast had beloofd: kracht, rust en een diepe innerlijke vrijheid. Het was het bewijs dat strategie en bewustzijn samen een schild en een kompas kunnen zijn.

Ze wisten dat dit slechts het begin was. De weg naar heling was nog lang, maar eindelijk liepen ze die zelf.

# Herkenning in de Verhalen van Anderen

Ferdy zat in zijn hotelkamer in Singapore, de stad lag verlicht onder hem, neonlichten weerspiegelden zich in de ramen. Zakenafspraken en presentaties hadden zijn dagen gevuld, maar die avond was hij alleen. Zijn laptop stond open, en uit nieuwsgierigheid klikte hij op een link die een oude vriend had gestuurd. Het was de podcast van Patrick.

Hij begon te luisteren, eerst uit oppervlakkige nieuwsgierigheid, maar al snel voelde hij iets dat hij lang had onderdrukt: herkenning. De patronen, de kleine manipulaties, het subtiele spel van macht en charme, hij hoorde het allemaal terug in Rosa's gedrag, in hun gezamenlijke geschiedenis. Ferdy herinnerde zich de beginfase van hun relatie: de intense aandacht, de complimenten die hem deden smelten, het gevoel dat hij speciaal was. Lovebombing, perfect uitgevoerd. En langzaam, bijna onmerkbaar, de fase van controle en emotionele uitputting. Het besef trof hem: hij had jarenlang in een cyclus van verborgen narcistisch misbruik gezeten zonder het volledig te kunnen benoemen.

Shirley zat tegelijkertijd in Parijs, op vakantie met haar huidige partner en hun twee kinderen. Het zachte geluid van de Seine en het geroezemoes van de stad vormden een achtergrond voor iets diepers: haar eigen confrontatie met Fabio's verleden. Ze luisterde naar Patrick's woorden, herkende de patronen in haar vorige relatie. De lovebombing, de charmes, de beloftes die nooit werden nagekomen, gevolgd door de afdankfase waarin zij zich klein en ontoereikend voelde. Alles viel samen.

De herkenning was intens en pijnlijk, maar bevrijdend. Ferdy voelde dat hij zijn eigen schuldgevoel en verwarring kon loslaten; Shirley voelde een soort innerlijke rust die ze nooit eerder had ervaren. Patrick's observaties gaven hen niet alleen inzicht, maar ook toestemming om hun eigen perspectief te herstructureren.

Ferdy schreef in zijn notitieboek: “Dit verklaart alles. De intensiteit, de val, de patronen… het was nooit mijn fout. Het was een spel dat Rosa speelde, en ik heb het niet gezien.”

Shirley glimlachte terwijl ze haar kinderen naar bed bracht: “Ik begrijp eindelijk wat er gebeurde. En ik weet dat ik nu kan stoppen met mezelf te beschuldigen.”

Voor beiden was het alsof een sluier werd weggetrokken. Ze zagen de cyclus van narcistisch misbruik als een wetmatigheid, geen toevallige gebeurtenis. Het gaf hen niet alleen begrip, maar ook een kader voor hun eigen keuzes in de toekomst. Ze hoefden niet langer te herhalen wat hen eerder had gebroken; ze konden bewust handelen, grenzen stellen en zichzelf beschermen.

Ondertussen voelde Ferdy een groeiende behoefte om terug te reflecteren op de relatie, zonder wrok, enkel met het oog op inzicht en heling. Shirley voelde hetzelfde:

haar verleden met Fabio was geen gevangenis meer, maar een les. De podcast had hen beiden laten inzien dat het herkennen van patronen een eerste stap is naar bevrijding.

En zo begonnen twee nieuwe stemmen, in twee verschillende steden, stilletjes hun eigen helingsproces. De echo van Patrick's woorden reikte verder dan hij ooit had gedacht, en het effect van de podcast breidde zich uit: niet alleen Rosa en Fabio, niet alleen hun zussen, maar ook de ex-partners die jarenlang vastzaten in de cirkel van manipulatie, begonnen hun eigen pad van bewustwording en herstel te bewandelen.

# De Spotlight van Rouw

Fabio was in de stad, tussen de felle lichten van de etalages en het gezoem van voorbijgangers, volledig verdiept in het scannen van koopjes en nieuwe aankopen. Zijn hartslag versnelde bij elke nieuwe aanbieding, een impuls die hij nauwelijks onder controle had. Plotseling trilde zijn telefoon in zijn hand. Het scherm toonde een onbekend nummer.

"Fabio... je vader... hij... hij is... overleden," stamelde de stem aan de andere kant.

Voor een fractie van een seconde voelde hij een vreemd soort verstarring. Toen gebeurde iets typisch: zijn eerste reactie was niet verdriet, maar een plotselinge focus op zichzelf. De wereld moest stilvallen om zijn aanwezigheid, zijn emoties, zijn verlies. Hij slikte, voelde een scherpe traan opkomen, maar sloeg die weg. Geen tijd voor zwakte.

Zijn gedachten schoten naar de begrafenis: hoe hij gezien zou worden, hoe zijn verdriet zou worden erkend, hoe hij de controle kon behouden over het ritueel, over de aandacht van familie en buitenstaanders. Elke planning, elk detail, moest draaien om hem.

Fabio arriveerde pas tegen het einde van de middag bij het huis van zijn ouders, zijn tassen gevuld met impulsaankopen. Hij stapte naar binnen, ogen groot, handen dramatisch gebarend, alsof het huis nu een podium was. “Ik kan dit niet geloven… dit is verschrikkelijk!” riep hij uit, terwijl hij zich op de bank liet vallen, zijn gezicht in zijn handen verbergend, maar steeds de blik van de aanwezigen zoekend.

De familie keek geschokt toe. Niemand durfde hem te onderbreken. Elke tranen, elke zucht, iedere gebroken emotie werd door hem opgeëist. Hij stelde krankzinnige vragen over de begrafenis, de bloemen, de plek van de stoelen, alsof de gebeurtenis niet over het verlies van zijn vader ging, maar over het perfecte decor voor zijn eigen emoties.

Tijdens het avondeten voerde hij de gesprekken, draaide de aandacht telkens terug naar zichzelf, zijn ervaringen, zijn gemiste kansen met zijn vader. "Weet je nog dat hij me nooit echt begreep?" zei hij, zijn stem trillerig, maar elke zin zorgvuldig ontworpen om anderen zijn gevoel van slachtofferschap te laten erkennen.

De dagen tot de begrafenis werden een zorgvuldig geregisseerde show. Hij liet kleine hints vallen dat hij "extra zwaar" getroffen was, observeerde wie hem complimenteerde voor zijn 'sterke houding', en voelde een merkbare voldoening bij elke erkenning.

Op de dag van de begrafenis liep hij langs de kist alsof het toneelstuk van zijn leven begon. Zijn blik zocht voortdurend het publiek: familieleden, bekenden, zelfs voorbijgangers die toevallig kwamen kijken. Elke traan, elk mompeltje, elke gebaar werd een statement van intensiteit. Zijn verdriet werd een performance, een manier om de spotlight op zichzelf te vestigen.

Tijdens de condoleances maakte hij krankzinnige opmerkingen, half als grap, half als provocatie: "Kun je je voorstellen dat hij dit allemaal had gemist… en nu sta ik hier te schitteren?" Niemand wist goed wat te zeggen. Hij domineerde de ruimte zonder fysiek aanwezig te hoeven zijn, zijn manipulatieve energie vulde elke hoek.

Voor Fabio was het overlijden geen moment van stilte of introspectie. Het was een kans om te herbevestigen wie hij was, om aandacht te eisen, om te laten zien dat zijn pijn het zwaarst woog. Zelfs het verdriet van anderen werd een instrument, een publiek voor zijn theatrale reacties.

Toen de kist uiteindelijk werd gesloten, stond Fabio op, zijn schouders recht, zijn blik even verdrietig als berekend. Hij had de begrafenis gebruikt zoals hij elk sociaal ritueel gebruikte: als podium, als toneel, als ruimte waarin hij zichzelf centraal kon stellen.

De spotlight had hij volledig geclaimd!

# De Uitnodiging naar Narcissus' Bron

Het begon allemaal op een ogenschijnlijk gewone dag.

Jolanda zat in haar nieuwe kantoorruimte, het zachte licht van de middag viel op haar bureau. Haar e-mails waren bijna volledig werkgerelateerd, haar hoofd helder, autonoom. Totdat een bericht in haar inbox oplichtte, zonder afzender. Het onderwerp was enkel één woord: "Narcissus". Ze klikte aarzelend. De tekst was kort, cryptisch, bijna ceremonieel:

"Jullie zijn uitgenodigd. Kom naar de bron. Daar waar alles begon."

Miranda liep door de straten van haar buurt, de frisse lucht vol de belofte van een nieuwe start. Haar telefoon trilde met een melding. Zelfde onderwerp, zelfde boodschap. Ze voelde een rilling, een vreemde mix van nieuwsgierigheid en waarschuwing.

Ferdy, in Singapore voor zaken, stopte even met zijn vergadering toen een e-mail binnenkwam met dezelfde woorden. Hij fronste. Alles in hem zei dat hij moest negeren, maar iets in de toon deed hem blijven lezen.

Shirley, in Parijs, net uit de bioscoop met haar kinderen, keek verbaasd naar de uitnodiging op haar telefoon. Het voelde als een echo uit een verleden dat ze dacht afgesloten te hebben.

Rosa ontving de boodschap terwijl ze alleen in haar appartement zat, nippend van een kop thee, reflecterend op de afstand die ze had genomen van haar oude leven. De woorden leken bijna tastbaar, als een lucht die haar ruimte binnendrong: “Kom naar de bron van Narcissus. Ontmoet wat ooit begon. Ontmoet jezelf.”

Fabio was in het casino, omringd door het gerinkel van munten en het gezoem van roulette wielen. Zijn telefoon trilde in zijn jaszak. Zonder zijn blik van de tafels af te halen, trok hij het apparaat tevoorschijn. Dezelfde cryptische uitnodiging. Zijn hartslag versnelde, een vreemde mengeling van opwinding en spanning. Het voelde als een spel dat hij misschien niet kon winnen.

Henry, Rosa's vader, zat in zijn studeerkamer, de grote boekenrekken rondom hem. Hij lachte zachtjes bij de uitnodiging. Het was een plek die hij kende, een plek die hem altijd had gemaakt tot wie hij was. Maar nu voelde hij een trilling van onzekerheid.

De berichten waren zorgvuldig samengesteld, alsof iemand ieder detail van hun huidige leven kende: werk, vakantie, vrije tijd, familiedynamiek. Het was geen dreiging, noch een directe confrontatie, maar eerder een subtiel lokmiddel, een opening naar iets groters.

De metafoor was duidelijk voor wie het wilde zien: Narcissus' bron, de plaats waar het zelfbeeld werd gevormd, waar reflectie en illusie elkaar ontmoetten, en waar iedere actie, elke keuze, zichtbaar werd in het water. Een plek van confrontatie, een plek waar de maskers konden vallen of verbrijzeld konden worden.

De spanning was tastbaar, een onzichtbare draad die elk van hen begon te trekken, richting een onbekende bestemming. De lezer voelde het ook: iets groots stond op het punt te gebeuren.

Wie zou het spel winnen? Wie zou gebroken achterblijven? En wie, voor het eerst, zou werkelijk zichzelf zien, los van de oude patronen?

Ze keken elk afzonderlijk naar hun uitnodiging, de woorden herhalend in hun hoofd. De wereld die ze hadden opgebouwd, veilig, autonoom, goed geleefd, leek plotseling weer te verschuiven.

Dit was niet slechts een uitnodiging. Het was een begin van een laatste confrontatie, een plaats waar het verleden, het heden, en de keuzes van ieder mens zich zouden samenvoegen.

En ergens, diep in hun onderbewuste, voelde ieder van hen het: de bron zou niet wachten.

# Aankomst bij de Bron

De ochtend was koud en stil, een dunne mist hing over het pad dat leidde naar de bron. Het leek een plek verloren in de tijd, omringd door oude bomen waarvan de takken zich kromden als vingers naar de hemel. Het water van de bron glom zacht, spiegelend en uitnodigend tegelijk.

Jolanda was de eerste die arriveerde. Haar stappen waren vastberaden, haar blik scherp. Ze voelde een vreemd soort spanning in haar borstkas, maar geen angst. Haar lichaam was getraind in het handhaven van grenzen, in het weerstaan van manipulatie. Ze observeerde de omgeving, de bewegingen van de lucht, het gerinkel van het water, alsof alles een boodschap voor haar had.

Miranda kwam kort daarna, haar houding een perfecte combinatie van zelfvertrouwen en alertheid. Ze hield afstand van Jolanda, maar haar ogen registreerden alles. Ze voelde een energie die zowel vertrouwd als ongemakkelijk was, alsof de plek haar eigen kracht weerspiegelde maar ook de echo van oude patronen terugbracht.

Ferdy arriveerde in een rustige cadans, zijn zakelijke precisie zichtbaar in elke stap. Zijn blik viel onmiddellijk op het water van de bron, het spiegelende oppervlak dat alles leek te registreren. Hij voelde een combinatie van nieuwsgierigheid en herkenning, het verleden dat zich langzaam opdrong, maar zonder de angst die hem vroeger had overmeesterd.

Shirley kwam met een lichte glimlach, de aanwezigheid van haar huidige partner en kinderen nog voelbaar in haar hart. Toch was er hier een andere energie, een ruimte die uitnodigde tot confrontatie met een verleden dat ze dacht afgesloten te hebben. Ze zette haar voeten stevig neer en voelde hoe de stilte van de bron haar ademhaling vertraagde, haar focus scherpte.

Rosa arriveerde, haar elegantie en maskers nog zichtbaar, maar de stilte van de bron deed iets met haar.

Haar ogen scanden de anderen, subtiel, berekenend, maar iets in de ruimte dwong haar om zichzelf te reflecteren. De lucht leek dik van onuitgesproken woorden, van oude patronen die op het punt stonden te botsen.

Fabio kwam als laatste, zijn gebruikelijke bravoure zichtbaar in elke stap, zijn ogen op zoek naar het publiek dat hij dacht te domineren. Maar hier was geen publiek, enkel de spiegelende bron. Elke beweging, elke houding werd weerspiegeld in het water. Voor het eerst voelde hij een ongemak dat niet kon worden gemanipuleerd.

Henry stond al bij de rand van de bron, zijn aanwezigheid dominant, maar iets in de kalmte van de plek liet zelfs hem onzeker voelen. Het water reflecteerde niet enkel het gezicht, maar ook de intenties, de geheimen, en de leegtes die hij zorgvuldig had verborgen gehouden.

De personages keken elkaar aan, ieder gevangen in hun eigen gedachten, hun eigen maskers, hun eigen strategieën. De spanning hing zwaar in de lucht. Niemand sprak, maar de energie was geladen. Elk van hen voelde het: dit was een moment van confrontatie, een kans om te zien wat echt was.

De bron zelf leek te ademen, zacht en hypnotiserend. Het water fluisterde, niet met woorden, maar met een aanwezigheid die hen dwong naar binnen te kijken, naar hun eigen spiegelbeelden, naar de keuzes die hen hier hadden gebracht, en naar de kracht van degenen die eindelijk hun eigen autonomie hadden opgeëist.

Het was stil, maar geladen. Elk van hen wist dat dit niet zomaar een bijeenkomst was. Dit was het begin van het eindspel, een plek waar maskers zouden vallen, waar waarheid en manipulatie elkaar zouden ontmoeten, en waar de balans zou verschuiven.

Jolanda voelde haar hartslag versnellen, Miranda haar ademhaling kalmeren. Ferdy en Shirley observeerden alles met een nieuwe helderheid, bewust van hun eigen kracht en de patronen die ze nu konden doorbreken.

Rosa en Fabio probeerden hun oude energie te behouden, maar de spiegel van de bron liet geen trucjes toe.

En zo stonden ze daar, elk op hun eigen manier geconfronteerd met de realiteit: de bron zou alles onthullen.

# Spiegel van Waarheid

Het was stil, een stilte die niet geruststellend was, maar geladen met verwachtingen. De mist boven de bron trok langzaam op en onthulde het water in zijn volle glans: spiegelend, scherp, alles reflecterend. Elk van hen voelde het, hier kon geen masker langer blijven hangen.

Jolanda stapte naar voren, haar blik gericht op Rosa. Voor het eerst voelde ze geen angst, enkel helderheid. “Rosa,” begon ze, haar stem kalm, vastberaden, “ik ben niet langer jouw zondebok. Ik zie alles. De patronen, de manipulatie, jouw subtiele dreigingen. Ik hoef dat niet meer te dragen.”

Rosa’s lippen krulden een fractie van een glimlach, maar haar ogen flikkerden. Ze had niet verwacht dat Jolanda zo sterk zou zijn. Haar eerdere strategieën, charmante dreiging, emotionele schuld, waren betekenisloos hier. Het spiegelende water dwong haar naar binnen te kijken, en ze voelde de eerste wankeling in haar zorgvuldig opgebouwde façade.

Miranda volgde het voorbeeld van haar zus. Haar stem klonk helder, zelfs tegen de subtiele druk van Fabio's aanwezigheid: "Fabio, al die jaren probeerde je mijn keuzes te controleren, mijn emoties te manipuleren. Het werkt niet meer. Ik ben niet langer degene die je kunt gebruiken."

Fabio's gebruikelijke arrogantie viel stil. Zijn ogen zochten de bron, het water dat zijn eigen gezicht reflecteerde, maar ook zijn patronen, zijn tekortkomingen. Hij probeerde een grap, een slimme opmerking om de aandacht terug te trekken, maar de woorden stierven in zijn keel. Hier werkte geen theatrale manipulatie, geen charmante dreiging. Dit was een ruimte van waarheid.

Ferdy stapte naar voren, het verleden van zijn relatie met Rosa nog voelbaar, maar hij sprak met kalmte: "Rosa, ik herken nu wat er gebeurde. De lovebombing, de controle, de afdankfase… alles. Het was nooit mijn schuld. En dat geldt ook voor Jolanda."

Shirley keek naar Fabio, de herinneringen aan hun relatie en zijn patronen helder voor zich. "Fabio," zei ze, "ik heb de cyclus herkend. De manipulatie, de charmante façade, het wegdrijven van mensen die om je geven. Het stopt hier. Bij mij. En bij Miranda."

Rosa en Fabio keken elkaar aan, hun oude kracht gebroken door de combinaties van autonome waarnemers. De zussen en ex-partners stonden samen, bewust van hun eigen grenzen, beschermd door hun kennis en door Patrick's inzichten die als onzichtbare katalysator aanwezig waren.

De bron weerspiegelde niet alleen hun gezichten, maar ook de dynamiek: de macht die vroeger bij Rosa en Fabio lag, vervluchtigde in de heldere lucht van waarheid en autonomie. Hun maskers begonnen te barsten, subtiel maar onmiskenbaar.

Jolanda stapte dichter bij het water en legde haar hand op het oppervlak, kijkend naar haar eigen reflectie: “Ik leef nu mijn eigen leven. Mijn keuzes, mijn regels.”

Miranda deed hetzelfde, een bijna rituele bevestiging van autonomie. Ferdy en Shirley volgden, het water weerspiegelde niet alleen hun gezichten, maar ook de kracht die ze terugvonden, de rust die voortkwam uit inzicht.

Rosa voelde het gewicht van haar gedrag voor het eerst in decennia. Een ongemak dat niet kon worden weggelachen of gemanipuleerd. Fabio ervoer een vergelijkbare realisatie: de spotlight was niet langer van hem, de controle was weg, en het water weerspiegelde een versie van zichzelf die hij nauwelijks durfde te erkennen.

De eerste confrontatie was niet luid, het was geen gevecht. Het was een kalme, ijzingwekkende erkenning van waarheid. De boodschap was duidelijk: de cyclus was doorbroken, de slachtoffers waren wakker, en de ruimte van Narcissus' bron liet geen leugens of manipulatie langer toe.

En ergens, diep in de reflectie van het water, leek een belofte te liggen: het eindspel was begonnen, en het zou een spel zijn waarin geen van de oude maskers nog zouden werken.

# De Bron van Reflectie

De ochtendzon brak door de mist boven Narcissus' bron en schilderde de omgeving in gouden tinten. Het water glom, kalm maar diep, een spiegel van alles wat ooit verborgen was. De personages stonden verspreid langs de rand, elk gevangen in hun eigen gedachten, elk met hun eigen confrontatie met het verleden.

Jolanda en Miranda stonden dicht bij elkaar, een stille alliantie gevormd door jaren van observatie, pijn en uiteindelijk groei. Hun handen raakten elkaar kort, een symbolische bevestiging van kracht en bescherming. "Het is voorbij," fluisterde Jolanda, terwijl haar ogen over het water gleden. "Het spel dat zij speelden… wij hebben het doorbroken."

Miranda knikte. "Wij zijn vrij. En dat betekent dat de maskers geen macht meer hebben."

Rosa stond tegenover hen, haar ogen een mengeling van woede, ongeloof en kwetsbaarheid. Ze probeerde haar gebruikelijke charme, haar subtiele dreiging, maar het had geen effect. Hier, bij de bron, waren de regels anders. Elk woord, elke blik, werd weerkaatst door het water en onthulde de waarheid. Ze voelde voor het eerst hoe het was om geen controle te hebben over anderen, om niet het centrum van alle aandacht te zijn.

Fabio stond een paar passen verder, zijn gebruikelijke zelfverzekerdheid langzaam wegsmeltend. De spiegel van het water dwong hem naar binnen te kijken: zijn manipulaties, zijn theatrale reacties, de eeuwige behoefte aan de spotlight, alles werd zichtbaar. Ferdy en Shirley, die beiden de patronen van narcistisch misbruik herkenden, keken hem strak aan, hun aanwezigheid een stille uitdaging: hij had zijn oude macht verloren.

Patrick stond aan de rand van de groep, bijna ongemerkt. Zijn aanwezigheid was geen confrontatie, geen machtsspel, maar een katalysator. Door zijn podcast, door de inzichten die hij had gedeeld, hadden de zussen en ex-partners autonomie gevonden, en de spiegel van

Narcissus' bron liet nu zien dat de balans volledig was verschoven.

Rosa probeerde te spreken, maar haar stem klonk hol, haar woorden echoënd in een leegte die niet gevuld kon worden. Fabio deed een wanhoopspoging, een theatrale beweging die normaal iedereen zou boeien, maar hier stuitte op stilte en vastberadenheid. De slachtoffers waren wakker.

De bron weerspiegelde meer dan hun gezichten; het toonde hun patronen, hun illusies, en het contrast met degenen die niet langer gevangen waren. Jolanda en Miranda stapten naar voren, Ferdy en Shirley volgden, hun blik kalm maar onverzettelijk. Samen vormden ze een muur van waarheid.

Het water leek zacht te deinen, bijna ademend, als een bevestiging dat de cyclus was doorbroken. Rosa voelde een scherpe steek van verlies, niet enkel van controle, maar van identiteit die gebouwd was op macht over anderen. Fabio ervoer hetzelfde: de illusie van zijn dominantie verdampte, en er bleef slechts confrontatie met zichzelf over.

Patrick observeerde, een stille glimlach op zijn gezicht. Dit was het moment waar alles samenkwam: kennis, ervaring, empathie, en bewustwording hadden de kracht gebracht die theorie nooit kon geven. De slachtoffers waren nu autonoom; de narcisten stonden bloot, reflecterend in hun eigen spiegelbeeld.

En langzaam, als een zachte wind over het water, verdwenen de maskers. Geen woorden waren meer nodig. Het spel was voorbij. De bron had de waarheid gereflecteerd, en de wereld van Narcissus was eindelijk rechtgezet.

De overgebleven personages, de zussen, de ex-partners, Patrick, keerden zich naar het water, niet in wrok, maar in erkenning. Ze keken naar hun eigen reflecties en glimlachten. Ze hadden het overleefd, ze hadden geleerd, en ze waren vrij.

Rosa en Fabio draaiden zich langzaam om, niet om te ontsnappen, maar omdat ze eindelijk voelden dat hun oude macht geen greep meer had. Ze liepen weg, beiden op hun eigen manier gebroken en geconfronteerd, terwijl de bron achter hen glom, stil en onverstoorbaar.

Het was het einde van een cyclus, het begin van een nieuwe realiteit. En voor degenen die overbleven, was het de bevestiging dat autonomie, inzicht en empathie de echte macht zijn.

# Epiloog – Nieuwe Reflecties

De zon stond laag aan de horizon, een warme gloed over de stad verspreid. Voor de zussen, de ex-partners en Patrick voelde de wereld anders dan ooit. Het was stiller, helderder, en gevuld met een rust die ze jaren niet hadden gekend.

Jolanda liep door haar nieuwe appartement, de muren gevuld met kleuren die zij zelf had gekozen. Haar dagen waren haar eigen ritme, haar werk betekenisvol en bevredigend. Ze glimlachte zacht bij de gedachte aan Rosa, maar niet met angst of haat, enkel als een herinnering aan een verleden dat haar had gevormd, maar niet meer definieerde.

Miranda werkte aan een project dat ze altijd had uitgesteld, haar creativiteit vrij spel gevend. Ze dacht aan Fabio, niet met rancune, maar met een kalme erkenning dat sommige mensen nooit veranderen, en dat het haar taak was om zichzelf te beschermen. Haar focus lag op haar eigen groei, haar eigen dromen.

Ferdy bezocht zijn favoriete plekken in Singapore, zijn carrière en persoonlijke leven in balans. Hij had geleerd dat inzicht de sleutel was tot vrijheid. Elke herinnering aan Rosa werd bekeken met een analytische kalmte; hij begreep de cyclus, en daardoor kon hij het loslaten.

Shirley wandelde hand in hand met haar kinderen langs de Seine. Haar hart voelde licht, haar keuzes bewust en krachtig. Ze had geleerd dat het herkennen van patronen niet alleen bevrijdt, maar ook geneest. Haar verleden met Fabio bleef een herinnering, een les, maar geen keten meer.

Patrick zat in zijn kleine studio, luisterend naar een opname van een recente podcast. Zijn ogen straalden tevredenheid uit. Wat ooit begon als een dagelijks experiment, het uploaden van kleine audios over narcisme, was uitgegroeid tot een platform van bewustwording. Zijn eigen leven, zijn kennis en ervaring, hadden een impact gehad die hij nooit had durven dromen. Hij voelde dankbaarheid voor de mogelijkheid om anderen te helpen uit hun eigen cycli te stappen, en hij wist dat dit slechts het begin was van wat hij nog kon bijdragen.

De bron van Narcissus bleef achter in het geheugen van allen: een plaats van confrontatie, reflectie, en uiteindelijke bevrijding. Het had hen allemaal iets gegeven dat theorie alleen nooit kon: de kans om hun eigen leven te heroveren, om autonomie te voelen, en om de cirkel van manipulatie te doorbreken.

En terwijl de avond viel, voelde iedereen het stille akkoord van afsluiting. Er was geen wraak nodig, geen revanche, geen drama. De echte overwinning lag in het leven dat zij nu leefden: bewust, autonoom, en vol zelfrespect.

De maskers waren gevallen. De slachtoffers waren wakker. En de bron, diep en kalm, weerspiegelde niet alleen wat was gebeurd, maar ook alles wat nog kon groeien.

# Narcistische Dynamiek

Het restaurant zat vol met zachte lentegeuren en de lucht was een mix van verse bloemen en gebakken brood. De tafels waren kleurrijk gedekt, met vrolijke servetten en kleine boeketjes in vaasjes die glinsterden in het zachte zonlicht dat door de ramen viel. Patrick zat aan een tafel bij het raam, zijn koffie dampend voor zich, terwijl hij om zich heen keek naar de levendige setting.

“Het is hier bijna ironisch, hè,” zei hij zacht tegen zichzelf. “Een plek vol leven en kleur… en wij gaan het hebben over iets wat alles behalve vrolijk is.”

Aan de andere kant van de tafel zat Jolanda, haar handen om een warme kop thee geklemd. Ze knikte langzaam. “Ik weet het, Patrick… het klinkt vreemd. Maar dit gesprek moet gebeuren. Ik wil het eindelijk begrijpen. Waarom mensen zoals Rosa en Fabio zo ingewikkeld zijn, en waarom het niet simpel goed of slecht is.”

Patrick glimlachte en leunde een beetje achterover. “Precies dat. Kijk, het eerste dat je moet begrijpen is dat verborgen narcisten vaak charmant en subtiel manipulatief zijn. Ze zijn meesters in het verbergen van hun patronen. Rosa bijvoorbeeld… ze lijkt altijd attent, empathisch, bijna perfect sociaal. Maar achter dat masker is er een hele strategie gaande, een manier om controle te behouden zonder dat je het doorhebt.”

Jolanda fronste. “En Fabio dan? Hij leek altijd zo vrolijk, zo aanwezig… soms voel ik nog steeds de chaos die hij achterliet.”

Patrick knikte. “Dat is theatrale manipulatie. Het verschil tussen Rosa en Fabio is de vorm. Rosa is subtiel, speelt met emoties, creëert schuldgevoelens en afhankelijkheid. Fabio is flamboyant, trekt de spotlight, dramatische acties, koopverslavingen, alles om de aandacht te claimen. Maar het effect is hetzelfde: de omgeving wordt gemanipuleerd, vaak zonder dat de slachtoffers het doorhebben.”

Jolanda zuchtte en keek naar haar eigen handen. "Het voelde altijd alsof ik nooit goed genoeg was, alsof alles wat ik deed verkeerd was. En nu begrijp ik… dat was nooit mijn schuld."

Patrick leunde naar voren. "Precies. En dat is wat zondebokken zoals jij en Miranda voelen. Het is een combinatie van liefde en straf, beloning en afwijzing, constant heen en weer. Het doel is altijd controle. Maar hier komt het mooie: zodra je de patronen herkent, zodra je de maskers doorziet, verdwijnt hun macht over je. Daarom is bewustwording zo krachtig."

Jolanda glimlachte voorzichtig. "Dus het gaat er niet om dat zij slecht zijn… of dat wij zwak zijn. Het gaat om begrijpen, doorzien, en onze keuzes maken."

Patrick hief zijn kop koffie. "Precies. Het is complex, het is menselijk, en het is vaak grijs. Narcisten zijn niet simpel zwart-wit. En de slachtoffers… wij zijn niet passief. Wij leren, wij reflecteren, wij groeien."

Het restaurant om hen heen bruist van leven, gelach, het rinkelen van glazen en zachte muziek. En te midden van de kleuren en de geur van bloemen voelde Jolanda voor het eerst hoe helder de dynamiek van narcisme werd, niet als een beangstigende val, maar als een patroon dat ze kon doorbreken, een structuur die inzicht bood en uiteindelijk vrijheid.

Patrick nam een slok koffie en keek naar het zonlicht dat over het tafellaken gleed. “En dit, Jolanda, is nog maar het begin. Zodra je begrijpt hoe het werkt, kun je het overal herkennen, in relaties, in families, zelfs op werk. Het geeft je een gereedschapskist om te navigeren, zonder slachtoffer te blijven.”

Jolanda knikte, vastberaden, terwijl ze om zich heen keek naar de kleurrijke tafels en bloeiende boeketjes. “Ik ben er klaar voor,” zei ze zacht. “Om het te zien, te begrijpen… en om mezelf terug te vinden.”

Het zachte geroezemoes van het restaurant vulde de ruimte terwijl Jolanda en Patrick hun gesprek voortzetten. Dit keer zaten ze iets verder van het raam, omringd door planten en kleine lampjes die een warme gloed over de tafels wierpen. De geur van verse kruiden en gebrande koffie omringde hen, alsof de omgeving uitnodigde tot reflectie en openheid.

"Laten we het concreter maken," zei Patrick. "Je weet inmiddels hoe Rosa en Fabio werken, maar het helpt om te zien hoe de dynamiek zich ontvouwt in echte interacties. Lovebombing bijvoorbeeld, dat is een kernfase bij verborgen narcisten. Eerst krijg je bewondering, complimenten, intense aandacht. Bij Rosa was dat zo duidelijk bij Ferdy. Alles leek perfect, alsof je de enige in de wereld was."

Jolanda knikte langzaam. "Ja, ik herinner me dat… hij voelde zich speciaal, en je kon niets verkeerd doen. En toch… later voelde alles als een val."

"Precies," zei Patrick. "Die fase gaat altijd over binding en afhankelijkheid creëren. En dan volgt vaak de afdankfase, subtiel of dramatisch, afhankelijk van het type. Fabio's gedrag bij Shirley is een voorbeeld. Eerst charmant, dan plots afstandelijk, met excuses die zelden echt waren. Het doel is hetzelfde: macht behouden door emoties te manipuleren."

Jolanda nam een diepe slok van haar thee. "En de slachtoffers? Wij… we voelen ons verloren, schuldig, alsof we iets verkeerd deden."

Patrick glimlachte bemoedigend. "Dat is het cruciale inzicht. Het is niet jouw schuld. Het is een strategie van de narcist. En zodra je dat herkent, kan je iets doen wat vaak het verschil maakt: bewust grenzen stellen, No Contact, Grey Rock. Zie het als een schild, een manier om je energie te beschermen terwijl je groeit."

Jolanda leunde achterover, haar ogen naar de lichtjes boven de planten. "Het klinkt eenvoudig als je het zo zegt, maar het vraagt zoveel oefening en moed."

"Inderdaad," zei Patrick. "Maar het mooie is, de slachtoffers in dit verhaal – jij, Miranda, Ferdy, Shirley –

leren het stap voor stap. Ze ontdekken dat autonomie sterker is dan controle, dat inzicht machtiger is dan charme, en dat empathie vaak effectiever is dan wraak. En dat is waar de cyclus van narcisme doorbroken wordt."

Een ober liep voorbij met een dienblad vol gebakjes en Jolanda glimlachte even naar de kleurenpracht van de macarons. "En Patrick… wat doet Patrick zelf?" vroeg ze zacht.

Patrick lachte. "Tja, dat ben ik dus ook. Mijn kennis van psychologie hielp me niet genoeg om deze patronen vroegtijdig te herkennen. Pas door ervaring, door mijn eigen confrontatie met narcisme, groeide mijn inzicht. En door het dagelijks delen van audio's en later podcasts, zag ik hoe dit mensen kon helpen, en mezelf ook. Mijn studie staat nu op nummer twee; ervaring op één."

Jolanda voelde een lichte spanning verdwijnen. "Dus… het gaat erom dat we observeren, herkennen en dan bewust handelen?"

"Exact," zei Patrick. "En daarbij niet denken in goed en slecht, maar in patronen en keuzes. Narcisten zijn vaak gevangen in hun eigen strategieën; slachtoffers kunnen leren die te doorzien en zo hun eigen vrijheid terug te winnen. De zussen hebben het geleerd, de ex-partners ook, en jij leert het nu. Het is een proces van bewustwording, geen oordeel."

Het restaurant voelde levendig, warm en geruststellend. Jolanda keek om zich heen en voelde een golf van vertrouwen. "Ik begrijp het nu beter. Het gaat niet om haat of wraak. Het gaat om vrijheid. En dat is wat we allemaal kunnen creëren, ongeacht wat er is gebeurd."

Patrick knikte. "Precies. Het is complex, het is menselijk, maar het is te begrijpen. En zodra je het begrijpt, kun je je eigen pad kiezen, zonder dat iemand anders jouw energie of emoties beheerst."

Het gesprek eindigde met een stilte die alles zei: inzicht, erkenning, en de mogelijkheid tot echte verandering. Buiten viel de avond, zacht en kleurrijk, alsof de wereld rondom hen de boodschap weerspiegelde: patronen zijn te zien, maskers te herkennen, en vrijheid is altijd binnen bereik.

# Patronen, Rouw en Vrijheid: Deel 1

Het was een paar weken na de confrontatie bij de bron van Narcissus. De stad had een rustige ochtend, de lucht helder en fris, en de zon wierp gouden licht op de straten. Jolanda liep door een park, haar handen diep in de zakken van haar jas, terwijl haar gedachten een wervelwind vormden.

Ze herinnerde zich Rosa's glimlach, Fabio's theatrale uitspattingen, de subtiele steken van kritiek en de momenten van schijnbare warmte. Het voelde vreemd, alsof alles wat ze had meegemaakt nu een nieuwe betekenis kreeg. "Het is alsof ik eerst in een droom leefde," mompelde ze, "en nu pas alles zie zoals het echt was."

Patrick zat op een bankje dichtbij, zijn blik zacht maar scherp. "Dat klopt," zei hij. "Pas nu zie je de patronen, Jolanda. Lovebombing, afdankfase, schuldgevoelens, manipulatie… alles wat normaal leek, krijgt ineens vorm.”

Jolanda zuchtte diep. “Het voelde altijd alsof het mijn schuld was. Alsof ik faalde in hun ogen. En nu… het voelt alsof ik verraden ben. Zo’n intense schok.”

Patrick knikte begrijpend. “Dat is precies wat ik bedoel met de schok van verraad. Het is een van de eerste fases van rouw: de confrontatie met de waarheid. Je realiseert je dat iemand die je vertrouwde niet de persoon was die je dacht. Dat is nooit makkelijk. Je voelt ontkenning, verwarring, soms zelfs boosheid.”

Jolanda keek naar de bomen, hun bladeren zacht ritselend in de wind. “En toch… ik voel ook iets anders. Een soort helderheid. Alsof ik eindelijk kan ademhalen.”

Patrick glimlachte. “Dat is de kracht van herkenning. Zodra je de patronen ziet, wordt je autonomie zichtbaar. Je ziet dat het niet jouw schuld is. En dat is het begin van rouw en herstel: eerst de schok, daarna ontkenning, woede, verdriet, en uiteindelijk acceptatie. Dat proces doorloop je nu. Het is zwaar, maar het is het pad naar vrijheid."

Jolanda knikte, langzaam, vastbesloten. "Ik ben er klaar voor. Om te zien, te begrijpen… en om eindelijk mijn eigen keuzes te maken."

Het park om hen heen voelde levendig, bijna symbolisch. Het zachte groen, het licht dat door de bladeren viel, en de frisse lucht leken een uitnodiging: de wereld is groter dan hun pijn, en er is ruimte om te groeien, te leren, en los te laten.

Patrick stond op en legde een hand op haar schouder. "Dit is pas het begin, Jolanda. Herkenning is macht. En vanaf hier bouw je je eigen leven, vrij van de patronen die hen zo lang macht gaven."

Jolanda ademde diep in, voelde de zon op haar gezicht en wist dat ze, ondanks alles, sterker uit dit alles zou komen.

# Patronen, Rouw en Vrijheid: Deel 2

Een paar weken later zat Miranda op het terras van een klein café, haar ogen gericht op de kinderen die speelden in een nabijgelegen park. Het zachte gelach van hun spel mengde zich met het getinkel van kopjes en het geruis van de wind door de bomen. Ze nam een slok van haar thee en voelde een mengeling van emoties.

"Het is zo vreemd," zei ze tegen zichzelf, terwijl ze haar handen om de kop klemde. "Ik voel woede, verdriet… en toch een soort rust."

Die rust was niet zomaar gekomen. Patrick had haar begeleid door de complexe cycli van Rosa en Fabio, van charmante aandacht tot subtiele afwijzing, van manipulatieve liefde tot de afdankfase. En nu, terwijl ze terugkeek, zag ze alles kristalhelder.

"Het is alsof ik een masker van mijn eigen ogen heb gehaald," mompelde ze. "En voor het eerst herken ik de patronen. Ik begrijp waarom ik zo lang verward en kwetsbaar was."

Patrick zat tegenover haar, zijn notitieboek gesloten. "Dat is het proces van de vijf fases van rouw, Miranda. Eerst de schok van verraad, het moment waarop je beseft dat iemand die je vertrouwde je manipuleerde. Dan ontkenning, je weigert het volledig te geloven. Woede volgt, vaak fel en intens. Daarna verdriet, waarin je rouwt om het verlies van de illusie en de relatie die nooit werkelijk was. En uiteindelijk acceptatie, niet dat wat er gebeurde goed was, maar dat je de macht over je eigen leven terugkrijgt."

Miranda knikte langzaam. "Het klinkt eenvoudig als je het zo uitlegt, maar het is zo intens om te voelen. En het vraagt zoveel moed om door elk van die fases te gaan."

"Juist," zei Patrick. "Maar het mooie is, je hoeft het niet alleen te doen. Door bewust te zijn, door patronen te herkennen, en door strategieën zoals No Contact en Grey

Rock toe te passen, bescherm je jezelf terwijl je door het proces gaat. Het is niet passief; het is actief herstel."

Even later, duizenden kilometers verderop, luisterde Ferdy via Patrick's podcast. Hij zat op zijn hotelkamer in Singapore, het stadsleven buiten helder en rumoerig. Zijn gedachten draaiden om Rosa en de herinneringen die hij had onderdrukt. Terwijl hij de podcast hoorde, voelde hij een gevoel van opluchting en herkenning.

"Het is precies wat er gebeurde," fluisterde hij. "De lovebombing, de intense periodes van aandacht, en dan… de afdankfase. Alles klopt. En nu begrijp ik dat het nooit mijn fout was."

Op een terras in Parijs, Shirley keek naar haar kinderen terwijl ze luisterde naar dezelfde aflevering. "Het voelt bevrijdend," zei ze zacht. "Ik zie de patronen, ik herken de strategieën. Ik kan nu keuzes maken die mij en mijn kinderen beschermen. Voor het eerst heb ik controle over mijn eigen energie."

Terug op het terras, Miranda voelde een lichte glimlach verschijnen. Het proces van rouw en bewustwording gaf haar kracht. Ze realiseerde zich dat de schok van verraad slechts het begin was, dat woede en verdriet niet zwakte betekenden, maar noodzakelijke stappen naar herstel. Acceptatie voelde als ademhalen na jaren van opgesloten zijn.

Patrick keek naar haar en glimlachte. “Het mooie van dit proces,” zei hij zacht, “is dat het slachtoffers verandert in overlevers. En overlevers veranderen in mensen die hun leven weer zelf vormgeven, vrij van de controle die narcisten ooit over hen hadden.”

Het zonlicht viel zacht op hun gezichten, de kleuren van de bloemen en het park straalden een onverwachte warmte uit. Miranda voelde een diepe geruststelling: de maskers van Rosa en Fabio waren doorzien, de patronen herkend, en de kracht van empathie en inzicht had eindelijk het laatste woord.

# Patronen, Rouw en Vrijheid: Deel 3

Enkele weken later waren de dagen warmer, de lucht helderder. Jolanda en Miranda zaten samen in het kleine appartement dat ze inmiddels hun veilige haven noemden. Buiten speelden kinderen, en binnen straalde de rust van beslotenheid en controle over hun eigen leven.

"Het voelt bijna vreemd," zei Jolanda terwijl ze een kop koffie vasthield, "om te weten dat alles wat we vroeger voelden – angst, schuld, verwarring – niet van ons was, maar van hen. Van Rosa en Fabio. En nu… hebben we het losgelaten."

Miranda knikte. "Ja. We hebben de vijf fases doorlopen: de schok, ontkenning, woede, verdriet, en nu acceptatie. En het belangrijkste… we hebben geleerd te handelen in plaats van te reageren. No Contact, Grey Rock… het is geen straf, het is vrijheid."

Op dat moment belde Ferdy uit Singapore. “Ik luisterde vandaag opnieuw naar Patrick’s podcast,” zei hij met een glimlach in zijn stem. “Het is ongelofelijk… ik begrijp eindelijk het patroon, en het voelt alsof ik mijn energie terugkrijg. Ik kan mijn leven leiden zonder angst of schuld.”

Shirley, aan de andere kant van de wereld in Parijs, stuurde een bericht: “Zelfde hier. Voor het eerst voel ik echt dat ik keuzes kan maken die goed zijn voor mij en mijn kinderen. De patronen zijn zichtbaar, maar ze hebben geen macht meer over ons.”

Patrick keek glimlachend toe. “En dat is de kern. Bewustwording en empathie zijn sterker dan manipulatie en controle. Zodra je inzicht hebt, worden de slachtoffers overlevers, en de overlevers bouwers van hun eigen leven.”

De zussen en ex-partners voelden de verandering in hun lichamen: de spanning in hun schouders viel weg, het gewicht op hun borst verdween, en een nieuw soort energie stroomde door hen. Ze beseften dat hun vrijheid niet alleen een afwezigheid van manipulatie was, maar een actieve creatie van eigen keuzes, eigen grenzen en eigen geluk.

“Het is alsof we eindelijk ademen,” zei Miranda zacht. “Niet langer gevangen in hun cycli, niet langer marionetten van hun strategieën. We zijn vrij.”

Jolanda glimlachte. “En dat is onze wraak, maar niet in haat of wrok. Onze wraak is leven. Goed leven. Authentiek leven. Het leven waar zij nooit de sleutel toe hadden.”

Patrick leunde achterover, tevreden. “Dat is het punt waar kennis, ervaring en empathie samenkomen. Het is niet het uitwissen van wat gebeurde, maar het heroveren van jezelf. En dat is iets waar geen narcist ooit controle over kan hebben.”

Buiten kleurden de bloemen in het laatste zonlicht van de dag intenser, als een symbolische bevestiging: patronen kunnen worden herkend, maskers kunnen vallen, en vrijheid, echte vrijheid, is mogelijk. De schok, het verdriet, de woede, zelfs de verleiding om terug te vallen… alles werd omgezet in kracht, helderheid en zelfbeschikking.

Het hoofdstuk eindigde in stilte, maar niet in leegte. Het was een stilte van overwinning, van inzicht en van het begin van een leven dat volledig hun eigen was. Een leven waarin de cycli van narcisme geen grip meer hadden, en waarin de macht van empathie en bewustwording definitief het laatste woord voerde.

# Dankwoord

Het schrijven van dit boek, “De Schaduwwandelaren”, is voor mij een reis geweest van inzicht, confrontatie en diepe dankbaarheid. Als maker van de podcast Wie is de Narcist heb ik in de afgelopen jaren talloze verhalen gehoord, gedeeld en onderzocht. Maar nooit eerder voelde ik zo intens hoe persoonlijke ervaring, empathie en kennis samenkomen om niet alleen een verhaal te vertellen, maar ook een handreiking te bieden aan iedereen die worstelt met de complexe wereld van narcistisch gedrag.

Ik heb dit boek bewust geschreven in een novel-achtige, empirische stijl, omdat ik wilde dat de lezer niet alleen informatie ontvangt, maar ook wordt meegenomen in de belevingswereld van de personages. Door de verhalen van Rosa, Fabio, hun zussen en ex-partners te verweven met analyses en inzichten, hoop ik dat het patroon van narcistisch gedrag op een tastbare, herkenbare manier zichtbaar wordt. Het doel was om het niet zwart-wit te maken, maar grijs, complex en menselijk, zoals het in werkelijkheid is. Zo kunnen lezers empathie ontwikkelen voor de slachtoffers, inzicht krijgen in de manipulatie, en leren hoe herstel en autonomie mogelijk zijn.

Allereerst wil ik mijn diepste dank uitspreken aan de echte helden achter de verhalen: de zussen, partners en exen die hun ervaringen hebben gedeeld. Jullie moed, eerlijkheid en openheid hebben dit boek tot leven gebracht. Zonder jullie verhalen zou de wereld nooit begrijpen hoe subtiel, complex en soms verwoestend verborgen narcisme kan zijn. Jullie zijn de levende voorbeelden van overleving, groei en uiteindelijk vrijheid.

Dank aan alle luisteraars en volgers van mijn podcast, die dagelijks hun tijd, aandacht en vertrouwen hebben gegeven. Jullie feedback, vragen en ervaringen hebben me geïnspireerd om dieper te graven, harder te reflecteren en met zorg en respect verhalen te creëren die niet alleen informeren, maar ook helen. Jullie zijn medearchitecten van dit boek, want elk inzicht dat jullie hebben gedeeld, elke stem die gehoord moest worden, heeft zijn echo in deze pagina's gevonden.

Een speciaal woord van dank aan de super empaten, in dit verhaal en in de praktijk, die ons laten zien dat empathie niet zwakte is, maar kracht. Zonder jullie voorbeeld, inzicht en geduld zou dit boek nooit het pad van herkenning en herstel zo helder kunnen tonen.

Daarnaast wil ik mijn familie, vrienden en collega's bedanken die mijn eigen proces hebben gesteund. Het schrijven van dit boek was niet alleen een professionele onderneming, maar ook een persoonlijke reis. Jullie steun, begrip en aanmoediging waren een constante bron van kracht en inspiratie.

Dit boek is geschreven om lezers mee te nemen in de wereld van verborgen narcisten, om patronen te herkennen, maskers te zien en slachtoffers te helpen hun eigen kracht terug te vinden. Het is een mix van verhalen, analyse en praktische lessen, zodat iedereen die worstelt met narcistisch misbruik, of gewoon nieuwsgierig is naar deze dynamieken, er iets concreets en bruikbaars uit kan halen.

Tot slot wil ik zeggen dat dit boek niet het eindpunt is, maar een begin. Een begin van bewustwording, van gesprekken die nog gevoerd moeten worden, van inzichten die nog gedeeld moeten worden. Ik hoop dat het iedereen die worstelt met narcistische patronen, of die hun eigen pad van herstel bewandelt, moed geeft.

Dank jullie wel voor het vertrouwen, de inspiratie en de mogelijkheid om dit verhaal te vertellen. Het is mijn diepe wens dat elke lezer zich herkent, leert, groeit en uiteindelijk zijn eigen leven terugneemt, vrij van de patronen die ooit macht hadden.

Met oprechte dankbaarheid,

Patrick Samuel

# Slotwoord

Beste lezer,

Als maker van de podcast *Wie is de Narcist* en schrijver van dit boek, wil ik je persoonlijk bedanken dat je deze reis met mij hebt gemaakt. Dit verhaal is niet alleen een inkijk in de wereld van verborgen narcisten, maar ook een spiegel voor onszelf: hoe we patronen herkennen, grenzen leren stellen en onze eigen kracht terugvinden.

Mijn grootste wens is dat dit boek je inspireert om bewust te zijn van de dynamieken om je heen, om te zien waar manipulatie plaatsvindt en om te kiezen voor vrijheid, empathie en autonomie. Net zoals de zussen, ex-partners en slachtoffers in dit verhaal, ben jij in staat om patronen te doorbreken, oude wonden te helen en je eigen leven vorm te geven, krachtiger en bewuster dan ooit.

Blijf luisteren, blijf reflecteren en durf stappen uit je comfortzone te zetten. Jouw groei, inzichten en keuzes zijn de ware overwinning.

Met oprechte dank en respect,

Patrick.

www.ingramcontent.com/pod-product-compliance
Lightning Source LLC
LaVergne TN
LVHW050853051026
849532LV00006BA/2226
* 9 7 8 9 4 6 5 3 3 2 3 3 8 *